第一版の序文

十年ほど前、ベルギーの著名な法学者ド・ラヴレー氏の家に招かれ、歓待をうけて数日を過ごしていたときのこと。ある日の散歩の途中で、宗教の話題が出た。

「日本の学校では宗教教育がない、とおっしゃるのですか」と、この尊敬すべき教授が尋ねられた。私が「ありません」と返事をすると、教授は驚いて、突然立ち止まり、ビックリするような声で再度問われた。

「宗教教育がない！　それではあなたがたはどのようにして道徳教育を授《さず》けるのですか」

私はその質問に愕然《がくぜん》とし、すぐに答えることができなかった。なぜなら、私が子どものころに学んだ人の倫《みち》たる道徳の教えは、学校で習ったものではなかったからである。そこで、私に善悪や正義の観念を形成しているさまざまな要素を分析してみて初めて、そのような観念を吹き込んだものは武士道だったことに気づいたのである。

この小著をあらわすにいたった直接の理由は、私の妻から、なぜこのような思想や道徳的習慣が日本でいきわたっているのか、という質問を何度も受けたからである。

ド・ラヴレー氏や私の妻に、納得のいく答えをしようと考えているうちに、私は封建制と武士道がわからなくては、現在の日本の道徳観念はまるで封をした〝巻物〟と同じことだとわかったのである。そこで私の長い闘病期間を利用して、家庭内で交わした会話の中で得られたいくつかの回答を、ここで整理して読者に述べることにする。それらは主として封建制度がまだ盛んだった若い頃に、私が教えられ伝えられたことである。

とはいえ、一方にはラフカディオ・ハーンとヒュー・フレイザー夫人、あるいはアーネスト・サトウとチェンバレン教授が控える中で、日本のことを私が英語で書くということは、まことに気がひける思いがする。だが、ただ一つ、これらの有名な日本紹介者よりも私が有利なことは、彼らが日本にとって代理人もしくは弁護士の立場であるのに対して、私は被告人の立場を取ることができる点である。「もし私が彼らほどの言語の才能があれば、もっと雄弁に日本の立場を述べられるのだが」と思うことが何度もあった。しかし他国の言葉で語る者は、自分のいいたいことを理解してもらえるだけでも、感謝しなければならない。

私は、この小論全体を通して、どんな論点についても、ヨーロッパの歴史や文学から、それに相当する例をあげて説明することにした。こうすることで、外国人の読者により身近なものとして理解してもらえると思ったからである。

したがって、万一、宗教上の問題や宗教家について、私の言い方が侮辱的だと受け取られることがあったとしても、キリスト教そのものに対する私の態度が疑われることはないと信じている。私があまり共感できないのは、教会のやり方や、キリスト教の教えをあいまいにしている伝道の方法や諸形式であって、教えそのものに対してではないからである。

私はキリストによって教えられ、『新約聖書』の中で伝えられた宗教を信仰し、同様にわが心に刻まれた律法を信じている。さらには神が、異邦人であれユダヤ人であれ、あるいはキリスト教徒のみならず異教徒でも、あらゆる民族や国民に対して、「旧約」と呼ばれている契約の書をつくりたもうたと信じている。だが私の神学については、これ以上、読者に忍耐を強《し》いる必要もないだろう。
　この序文を結ぶにあたって、数多くの有益な助言を与えてくれた友人のアンナ・C・ハーツホーン女史に、心から謝意を表したい。

一八九九年十二月

ペンシルバニア州マルヴァーンにて　**新渡戸稲造《にとべいなぞう》**

増訂第十版の序文

六年前に初版が刊行されてから、この小著は思いがけない歴史を刻み、予想以上に実り多い結果をもたらした。

すでに日本版は九版を重ね、この第十版は世界中の英語読者のために、ニューヨークとロンドンで同時に出版される。この間に本書は、カーンデシュのデヴ氏によってマラーティ語に、ハンブルクのカウフマン嬢によってドイツ語に、シカゴのホラ氏によってボヘミヤ語に、レンベルクの「科学と生活協会」によってポーランド語に翻訳された。ノルウェー語版とフランス語版も準備中で、中国語も計画されている。

また『武士道』の何章かはハンガリーとロシアの読者に、それぞれの国語で提供されてきた。日本語ではほとんど注解書ともいうべき詳細な紹介がなされて、英語を学ぶ若き学生たちには充実した学問的注釈が、私の友人桜井氏によって編集された。同氏にはほかにも負うところが多い。

私は自分の小著が広くいろいろな社会で好意的な読者と出合ったことを思うと、感謝の念にたえない。これによって本書の扱った主題が全世界にとって興味あるものだということを知った。信頼できる筋からの情報によれば、ルーズヴェルト大統領がみずから本著を読まれ、友人たちに配られたそうだが、これは身に余る光栄である。

この版の改訂にあたっては、主に具体例の追加にとどめた。だが「孝」についての一章を加えられなかったことは残念である。「孝」は「忠」とともに、日本人の倫理の両輪とされている。「孝」の一章を書くことが難しかったのは、それに対するわが国民の態度を知らないからではなく、むしろこの徳に対する西洋人の感情を私が知らないからである。そのために満足のいくような比較論を書くことができなかったのである。したがって、他日、この問題や他の問題についても増補したいと願っている。本書で触れたどの問題についても、さらに応用や議論を重ねることは可能だが、本書をいま以上に大きくするつもりはない。
原稿を読む苦労、有益な助言、そして何より不断の励ましなどは、私の妻に負うところが大であり、もしこれを省くならば、この序文は不完全かつ不当なものとなるであろう。

一九〇五年一月十日

東京小石川にて　**新渡戸稲造**

武士道　新渡戸稲造のことば　目次

装丁——根本佐知子（梔図案室）

第一章

武士道とはなにか

武士道の光は、
その母体である封建制度よりも
長く生き延びて、
この国の人の倫《みち》のありようを
照らしつづけている。

武士道は、日本の象徴である桜花と同じように、日本の国土に咲く固有の華《はな》である。それはわが国の歴史の標本室に保存されているような古めかしい道徳ではない。いまなお力と美の対象として、私たちの心の中に生きている。たとえ具体的な形はとらなくとも道徳的な薫《かお》りをまわりに漂《ただよ》わせ、私たちをいまなお惹《ひ》きつけ、強い影響下にあることを教えてくれる。

武士道を生み、そして育てた、社会的状態が失われてからすでに久しいが、あのはるかな遠い星が、かつて存在し、いまでも地上に光を降り注いでいるように、封建制の所産である武士道の光は、その母体である封建制度よりも長く生き延びて、この国の人の倫《みち》のありようを照らしつづけているのだ。

バーク（英国の政治家）は、武士道のヨーロッパにおける原型である騎士道の、すでに顧《かえり》みられることのない棺《ひつぎ》に、感動的な賛辞をあたえたが、いま私は彼の国の言葉をもって、この問題を考察することに、大いなる喜びを感じている。

あのジョージ・ミラー博士（アイルランドの歴史家）のような博学な学者ですら、極東における悲しむべき情報の欠如から、東洋には古代にも近代にも騎士道やそれに類する制度はいっさい存在したことがないなどと断言したが[注一]、このような無知は許されるべきであろう。なぜなら、博士の著作の第三版が出たのは、ペリー提督がわが国の鎖国《さこく》の門を開いたのと同じ年だったからである。

それから十年以上たって、わが国の封建制が末期の苦しみにあえいでいたころ、カール・マルクスは『資本論』を書き、封建制の社会的政治制度を研究することの特殊な利点を指摘した。そして当時、封建制の活《い》きた形は日本においてのみ見られると述べて、読者の注意を呼び起こした。私も同じように、西洋の歴史および倫理研究者に、現代日本における武士道の研究にもっと力を注ぐよう勧めたいものである。

ヨーロッパと日本の封建制や騎士道と武士道の歴史的な比較研究は、大変魅力的なものであるが、それを詳述するのが本書の目的ではない。私の試みようとするものは、まず第一にわが国の武士道の起源と源流であり、第二にその特性や教訓、第三はそれらの民衆におよぼした影響、第四はその影響と継続性、永続性について述べるところにある。

これらの項目のうち、第一については簡単にすませよう。さもないと読者を日本の歴史の入り組んだ小径《こみち》に入り込ませてしまうからである。第二の点はやや詳細に論じる。国際的な倫理道徳学者や比較行動学の研究者たちが、わが国の思想や行動様式についてもっとも興味を引きそうだからである。その他は付随的にあつかうものとする。

さて、私がおおざっぱに武士道《シバルリー》（chivalry）と訳した言葉は、原語の日本語では騎士道よりも、もっと多くの意味合いを含んでいる。「ブシドウ」は字義的には「武士道」である。すなわち武士階級がその職業、および日常生活において守るべき道を意味する。

一言でいえば「武士の掟《おきて》」、すなわち、「高き身分の者に伴う義務《ノーブレス・オブリージュ》」のことである。

このように文字上の意味を確認した上で、私はこれ以降、武士道（Bushido）なる日本語を使わせていただくことにする。原語を使うことは次の理由からも望ましい。つまり、これほど限定的で独特な、しかも独自の気風や性格を生んだわが国固有の教訓は、それとわかりうる特徴的なしるしを全面におびていなければならないからだ。加えて民族的な特性を持つある種の言葉は、国民的音色をもつものであって、たとえ最高の翻訳者であっても、その言葉の真意を正しく伝えることは至難の業《わざ》なのである。

ドイツ語のゲミュート（Gemüth）を翻訳して、その意味をよりよく表せる者が誰かいるだろうか。あるいは英語のジェントルマン（Gentleman）とフランス語のジャンティオム（Gentilhomme）とは、言語的にはきわめて近い言葉であるが、この二つの言葉の間にある意味の差を感じない者がいるだろうか。

武士道は、数十年、
数百年もの長きにわたる
日本の歴史の中で、
武士の生き方として
自発的に醸成《じょうせい》され
発達を遂《と》げたものなのである。

▼武士の心に刻み込まれた掟《おきて》

武士道とは、このように武士の守るべき掟として求められ、あるいは教育された道徳的原理である。それは成文法ではない。せいぜい口伝《くでん》で受け継がれたものか、著名な武士や学者の筆から生まれた、いくつかの格言によって成り立っていることが多い。いや、それはむしろ不言不文の語られざる掟、書かれざる掟であったというべきであろう。それだけに武士道は、いっそうサムライの心の肉襞《にくひだ》に刻み込まれ、強力な行動規範としての拘束力を持ったのである。

しかも武士道は、いかに有能な武士であったとしても、その人、一人の頭脳が創造したものではない。あるいはまた特定の立派な武士の生涯を基《もと》にするものでもない。むしろそれは、数十年、数百年もの長きにわたる日本の歴史の中で、武士の生き方として自発的に醸成《じょうせい》され発達を遂《と》げたものなのである。

いうなれば武士道は、政治史における英国憲法と同じ地位を道徳史上で占めているともいえる。とはいえ武士道はマグナカルタや人身保護法に当たるものは持っていない。

確かに、十七世紀の初めに日本では「武家諸法度《ぶけしょはっと》」なるものが発布された。だが、その十三個条の短い条文が扱ったものは、ほとんどが婚姻や城郭造り、徒党に関してのことであって、教訓的な道徳律についてはほんのわずかしか触れていない。

それゆえに、明確な時と場所を指して、「ここに武士道の源泉がある」などとは言えない。もし言えるとするなら、武士道の起源は封建制の時代の中で自覚され始めたもの、というだけである。したがって時期に関するかぎりは封建制の始まりと同じと見てよい。しかしながら封建制そのものが多くの糸で織りなされているように、武士道もまた複雑に錯綜《さくそう》しているのである。

イギリスの封建制はノルマン人の征服から始まったとされているが、日本における封建制の出現も十二世紀末、源頼朝の支配と同時期だったといえる。そしてイギリスにおける封建制の社会的要素が、遠く征服王朝のウィリアム以前にまでさかのぼるように、日本における封建制の芽生えも、先の時期よりさらに以前から存在していたといわねばならない。

日本でもヨーロッパに見るような封建制の始まりとともに、職業的武人階級が必然的に台頭してきた。彼らは「侍《さむらい》」と呼ばれ、文字通り古語のクニヒト（cniht）と同じく護衛や従者の意味である。その性格はカエサル（古代ローマの将軍）がアクイタニアに存在すると述べたソルデュリイ（soldurii）や、古代ローマの歴史家タキトゥスが指摘したような、ゲルマンの首長に従ったコミタティ（comitati）、あるいはもっと後世に例をとるならヨーロッパ中世史に登場するミリテス・メディイ（milites medii）などと、その性質はきわめて似ている。

時が移り、「武家」や「武士」（戦う騎士）という言葉も普通に用いられるようになった。彼らは特権階級であって、元来は戦闘を職業とした猛々《たけだけ》しい素性《すじょう》だったに違いない。この階級は、長い年月にわたって続けられた戦乱の世にあって、もっとも勇敢で、もっとも冒険的な者の間から自然に選び抜かれ、臆病者《おくびょうもの》や弱い者は捨てられていった。エマソン（アメリカの詩人）の言葉を借りれば、「野獣のように強く、極めて男性的な、粗野な連中」だけが生き残り、サムライの家臣団と階層を形成していったのである。

やがて彼らは支配階級の一員として、身につける名誉と特権が大きくなるに従い、それらにともなう責任や義務も重くなってきた。それと同時に、彼らは行動様式についての共通の規範というものが必要になってきたのだ。とりわけ彼らは常に戦う立場にあったので、棟梁《とうりょう》と呼ばれるそれぞれの首領に属していた。

それはあたかも医師が職業的な礼儀として仲間の競争を制限するように、また弁護士が不文律を破った場合に査問会にかけられるように、武士もまた自分が不始末を犯した場合の、その最終審判を受けるべき何かの基準が必要となっていったのである。

もし、武士が
殺し合いの軍事的なものだけに頼り、
より高き道徳的な拘束力なしに
生きたとするならば、
武士の生活の中に
武士道なる崇高な道徳律は
生まれなかったであろう。

勇猛果敢なフェア・プレーの精神――この野性的で子供じみた素朴な感覚の中に、なんと豊かな道徳の芽生えがあることか。これこそ、あらゆる文武の徳の根本ではないか。

私たちはイギリスの小説の主人公、トム・ブラウンの「小さな子をけっしていじめず、大きな子から逃げなかった者、という名を後に残したい」という少年らしい願いに、微笑《ほほえ》むであろう（まるでそんなことはもう卒業したかのように！）。だが、この願いこそ道徳律の萌芽《ほうが》であり、すべての道徳の壮大な建造物が築かれる礎石といえるのである。もっとも穏やかで、もっとも平和を愛する宗教でさえ、この願望を認めているといえば、それは言い過ぎであろうか。このトムの願いの上にかの偉大な英国の大半が築かれたのである。そしてこれに優るとも劣らず、わが日本の武士道の土台もけっして小さくないことが、ほどなくわかるだろう。

クエーカー教徒[訳注一]がいうがごとく、戦闘というものは本来、攻撃的であるにせよ、防衛的であるにせよ、残忍で、間違った行為だったかも知れない。だがそれでも、「われわれは大いなる間違いの中からでも、美徳が湧き出ることを知っている[注二]」

と、レッシング（ドイツの思想家）が述べることもまた、真実である。「卑怯者《ひきょうもの》」と「臆病者」という言葉は、健全でかつ純粋な性質の人間にとっては、もっとも侮辱的なレッテルであった。少年はこのような観念とともに歩み始めるのである。

武士も同様である。年を重ねるに従い生活範囲が広がり、人間関係が多方面にわたってくると、当初の信念はそれ自身を正当化し、満足させ、発展させるために、より高き権威や合理的な支持を求めるようになる。もし、武士が殺し合いの軍事的なものだけに頼り、より高き道徳的な拘束力なしに生きたとするならば、武士の生活の中に武士道なる崇高な道徳律は生まれなかったであろう。

ヨーロッパではキリスト教が騎士道に都合よく拡大解釈されたが、それでもなおキリスト教は騎士道に精神的な徳目を吹き込んでいたように思える。それはラマルティーヌ（フランスの詩人）が「宗教、戦争、そして栄誉は、完全なるキリスト教徒の騎士の三つの魂であった」と述べているように、である。同様に日本の武士道にもいくつかの源泉があったというべきであろう。

（注一）『哲学的例証による歴史』（第三版、一八五三年）第二巻二ページ。

（注二）ラスキンはもっとも心優しく、平和を愛する者の一人であった。それでも彼は困難な生活を崇拝する者として、戦争の価値を熱心に信じた。『ワイルドオリーブの冠』の中で彼はこう述べている。「私が戦争はすべての技術の基礎だというのは、戦争が人間のあらゆる高い徳と能力の礎《いしずえ》だという意味でもある。この発見は、私にとって何とも奇妙で、非常に怖ろしいことだったが、決して否定できない事実に思えた……。簡単にいえば、偉大な国民はみな、その言葉と真実と思想の力を戦争で学ぶこと、戦争に養われ平和に消耗させられること、戦争に教えられ平和に欺《あざむ》かれること、戦争に鍛《きた》えられ平和に裏切られること、要するに戦争で生まれ、平和で息を引き取ることがわかったのだ」

（訳注一）十七世紀中頃にイギリスで起こった、キリスト教プロテスタントの一派。絶対平和主義の立場をとる。

第二章

武士道の源はどこにあるか

仏教が武士道に
あたえられなかったものは、
神道がそれを十分に補った。
それによって
サムライの傲慢《ごうまん》な性質に
忍耐心や謙譲心が
植えつけられたのである。

まずは仏教から論じよう。仏教は武士道に運命を穏やかに受け入れ、運命に静かに従う心をあたえた。それは危難や惨禍《さんか》に際して、常に心を平静に保つことであり、生に執着せず、死と親しむことであった。

ある一流の剣術の師匠（柳生但馬守宗矩《やぎゅうたじまのかみむねのり》）は、剣の極意を会得《えとく》した弟子（徳川家光）に「私が教えられるのはここまで。これより先は禅の教えに譲らねばならない」と告げた。「禅」とはディアーナ（Dhyâna）の日本語訳であり、それは「言語による表現範囲を超えた思想の領域へ、瞑想《めいそう》をもって到達しようとする人間の努力を意味する」[注一]。

その方法は座禅と瞑想であり、その目的は私の理解するかぎりでいえば、あらゆる現象の根底にある原理について、究極においては「絶対」そのものを悟り、その「絶対」と自分を調和させることである。このように定義すれば、その禅の教えは一宗派の教義を超えている。そしてこの「絶対」を認識し得た者は誰でも、世俗的なことを超越して「新しき天地」を自覚することができるのである。

仏教が武士道にあたえられなかったものは、神道がそれを十分に補った。他のいかなる宗教からも教わらないような、主君に対する忠誠、祖先に対する尊敬、親に対する孝心などの考え方は、神道の教義によって武士道へ伝えられた。それによってサムライの傲慢《ごうまん》な性質に忍耐心や謙譲心が植えつけられたのである。

神道の理論にはキリスト教でいうところの「原罪」という教義はない。むしろ逆に、人間の魂の生来の善良さと神にも似た純粋さを信じ、魂を神の意志が宿る至聖《しせい》所《じょ》として崇《あが》めている。神社に詣《もう》でる者は誰もがすぐに、その礼拝の対象物や装飾的道具がきわめて少ないことに気づくだろう。奥殿《おくどの》に掲げられている一枚の鏡だけが主要なものであるからだ。

なぜ鏡だけなのか。これについては簡単に説明がつく。すなわち鏡は人間の心を表している。心が完全に平静で澄《す》んでいれば、そこに「神」の姿を見ることができる。それゆえに人は社殿の前に立って参拝するとき、おのれ自身の姿を鏡の中に見るのである。そして、この参拝という行為は、古代ギリシャのデルフォイの神託、「汝《なんじ》自身を知れ」に通じるものがある。

自分を知るということは、古代ギリシャの教えでも日本の教えでも、人間の身体的部分についての知識、すなわち解剖学や精神物理学を意味するものではない。それは道徳上における知識であり、私たちの道徳的性質を顧《かえり》みる内省のことである。

ドイツの歴史学者モムゼンは古代ギリシャ人と古代ローマ人を比較して、ギリシャ人は礼拝するとき眼を天に向けるが、ローマ人はその頭をベールで被《おお》う、といっている。前者の祈りは黙想であり、後者の祈りは内省である。となれば、われわれ日本人の礼拝の仕方は本質的にはローマ人の宗教観と同じだが、その内なる道徳意識は個人的というより、むしろ民族的な意識を表している、といえる。

そして神道の自然崇拝は、われわれに心の底から国土を慕《した》わせ、祖先崇拝はそれをたどっていくことで皇室を国民全体の祖としたのである。私たちにとって国土とは、金を採掘し、穀物を収穫する土地以上のものである。そこは先祖の霊の神聖な住処《すみか》である。それゆえに私たちにとって天皇とは、法治国家の長、あるいは文化国家の単なる保護者ではなく、それ以上の存在となる。いうなれば天皇は地上における天の代表者であり、その人格の中に天の力と慈悲とを融合しているのである。

英国の王室について、ブートミー(フランスの教育者)は「それは権威を表すだけでなく、国民統合の創始者にして象徴でもある」[注二]といっているが、それが本当だとするならば、私はそれに賛同する者であり、このことは日本の皇室においては二倍にも三倍にも強調すべきことである。

神道の教義には、わが民族の感情面での二つの大きな特徴が含まれている。愛国心と忠誠心である。アーサー・メイ・ナップ(アメリカの宣教師)が指摘したように、「ヘブライ文学では作者が神のことを語っているのか、それとも自国のことなのか、天のことなのか、エルサレムのことなのか、救世主なのか、国民なのか、これらを見分けることはしばしば困難である」[注三]と述べた。まことにその通りである。このような混乱は日本の国民的信仰の用語にも見られるようだ。

私があえて混乱というのは、神道はその用語のあいまいさゆえに、論理的な識者からはそうみなされて当然だからである。だが、たとえそうであったとしても、国民の崇敬《すうけい》と民族的感情の枠組みとなっている神道は、体系的な哲学や合理的な教義を装《よそお》うようなことは決してしない。

この宗教――というより、宗教が表している民族的感情といったほうがより正確だろうが――、神道は、武士道の中に主君への忠誠と愛国心を徹底的に吹き込んだのだ。これらは教義というよりむしろ情念として作用している。したがって、中世のキリスト教の教会とは異なって、神道は信者になんの信仰上の約束も命じず、むしろ直截《ちょくせつ》で単純な行為の基準をあたえたにすぎなかったのである。

武士道は知識を重んじるものではない。
重んずるものは行動である。
したがって知識は
それ自体が目的とはならず、
あくまで智恵を得るための
手段でなければならなかった。

武士道は、道徳的な教義に関しては、孔子の教えがもっとも豊かな源泉となった。君臣、親子、夫婦、長幼、朋友《ほうゆう》についての「五倫《ごりん》」は、儒教の書物が中国からもたらされる以前から、日本人の民族的本能が認めていたものであって、それを確認したにすぎなかった。冷静で穏和な、しかも世故《せこ》に長《た》けた孔子の政治道徳の教えは、支配階級のサムライにとってはとりわけふさわしいものであった。孔子の貴族的で保守的な教訓は、武士階級の要求にいちじるしく適合したのだった。

加えて孔子についで孟子《もうし》の教えは、さらに武士道に大いなる権威をもたらした。孟子の強烈で、ときには極めて民主的な理論は、気概や思いやりのある性質の人にはとくに好かれた。だがその理論は、一面、封建的な秩序社会を覆《くつがえ》す危険思想とも受け取られ、彼の書物は長い間、禁書とされた。にもかかわらず、この優れた思想家の言葉は、サムライの心の中に不変の位置を占めていったのである。

孔子と孟子の著作は、若者にとっては主要な人生の教科書となり、大人の間では議論のときの最高の権威となった。だが、単にこの二人の古典を知っているだけでは、高い尊敬を受けることはできなかった。孔子を知識として知っているだけでは

「論語読みの論語知らず」との諺《ことわざ》が生まれたように、それは冷笑の対象とされ、西郷隆盛などは「書物の虫」として蔑《さげす》んでいる。

あるいはまた三浦梅園《みうらばいえん》などは、学問を青臭い野菜にたとえ、「青菜はその青臭さを取り除くために何度も茹《ゆ》でなければならない。少ししか読書をしない者は少し学者くさく、大いに読書している者はさらに学者くさく、どちらも同じように困りものである」といった。梅園がいおうとした真意は、知識というものは、これを学ぶ者が心に同化させ、その人の品性に表れて初めて真の知識となる、ということである。だから知的専門家は単なる機械だとみられた。要するに知性は行動として表れる道徳的行為に従属するものと考えられたのである。

儒教では、人間と宇宙はひとしく精神的かつ道徳的なものであるとされた。それゆえに、宇宙の運行と道徳とは無関係だとするハクスリー（英国の生物学者）の見解を、武士道は否定する。

武士道は知識を重んじるものではない。重んずるものは行動である。したがって知識はそれ自体が目的とはならず、あくまで智恵を得るための手段でなければならなかった。単に知識だけをもつ者は、求めに応じて詩歌や格言をつくり出す〝便利な機械〟としか見られなかったのだ。

王陽明《おうようめい》は知識と行動を
一致させるという意味の
「知行合一」なる言葉を生み出した。
もっとも高潔な武士の一部が、
この賢人の教えに
強い影響を受けている。

武士道におけるあらゆる知識は、人生における具体的な日々の行動と合致しなければならないものと考えられた。このソクラテス的教義は、中国の思想家・王陽明《おうようめい》が最大の擁護者となり、彼は知識と行動を一致させるという意味の「知行合一」なる言葉を生み出した。

この話題が出たところで、しばしの余談に入ることをお許し願いたい。というのも、もっとも高潔な武士の一部が、この賢人の教えに強い影響を受けているからである。

西洋の読者ならば、王陽明の著述の中に、『新約聖書』と同じ内容の箇所が多くあることを認めるであろう。両者の教えの独特な用語の違いを考慮にいれれば、「まず神の国と、神の教義を求めよ。さすれば、これらのものはみな加えて与えられる」という一節などは、王陽明のほとんどのページにも見ることができる思想である。

陽明学派の弟子の一人（三輪執斎《みわしっさい》）はいう。「天と地と、あらゆる生きるものの神は、人の心の中に宿り、人の心となる。ゆえに心は生き物であり、常に輝く」

と。そしてさらに「われわれの本質的存在の精神的な光は純粋で、人間の意志に左右されない。われわれの心にひとりでに沸《わ》き起こり、正しいものと間違っているものを示し、それが良心と呼ばれるものだ。天の神から出る光である」という。

これらの言葉はアイザック・ペニントン（英国の医学者）などの哲学的神秘主義者たちの言葉とじつによく似た響きを持っている。日本人の心性は、神道の素朴な教義で見たように、王陽明の教えにとくに適していると、私には思われる。

王陽明は、その絶対確実な良心の教義を、極端なまでの超絶主義へと昇華させた。そして善悪の区別だけにとどまらず、精神的な事実や物理的現象の性質を認識する能力でさえ、その境地から生まれるとした。彼はバークリー（英国の哲学者）やフィヒテ（ドイツの哲学者）に劣らず、観念論においてその域に達し、人間の知力の範囲外の物の存在を否定している。たとえ彼の学説が唯我論《ゆいがろん》に課せられる多くの論理的間違いを含んでいたとしても、そこには強固なる確信に満ちた効果があったというべきだろう。そのため、王陽明の思想は、自己の確立におけるその道義的重要性については反論することができないのである。

このように、その源泉が何であれ、武士道がそこから吸収し、わがものとした本質的原理は単純で、決して数多いものではなかった。だがたとえそうであったとしても、それはわが国の歴史上、もっとも不安定な時代の、もっとも危険な日々にあっても、武士にとっては十分に安息安全の処世訓となるものであったのだ。

わが国のサムライの祖先が持っていた健全で純朴な性質は、古代思想の本道や脇道から拾い集められた平凡で断片的な教えの束《たば》にすぎなかったが、それらは精神の十分な糧《かて》を引きだした。そして、これらの寄せ集めの束の中から、新しい独特な男らしい型の人間形成をなし得たのである。いわば、それが武士道の芽生えだったのである。

フランスの気鋭の学者、ド・ラ・マズリエールは十六世紀の日本の印象を、次のように述べている。

「十六世紀の半ばの日本では、政治も社会も宗教も、すべてが混乱していた。だが、あまたの内乱で作法が野蛮時代へと戻るや、それぞれが独力で正義を遂行する必要性が出てくるや、テーヌ（フランスの哲学者）が『精力的な主導力、素早い決断力、大いなる実行力と忍耐力』と誉《ほ》め称えた十六世紀のイタリア人に勝るとも劣らない人々が、日本でも生まれたのである。

日本でもイタリアのように『中世の粗野な流儀』が、人間を『雄々《おお》しく好戦的で不屈の精神を持った』素晴らしい生き物に変えた。そして、このことこそ日本民族の主要な資質となり、その精神や気性にみられる偉大な特性が、十六世紀の日本において最高度に発揮された理由である。インドや中国においてさえ、人間の差異はその精力や知力の程度によるものとされているのに対して、日本ではこれらのほか性格の独自性によっても異なっているのである。

個性はすぐれた民族や、発達した文明のしるしである。ニーチェの好んだ言葉を使えば、アジアでは人間性を語ることは、その平原を語ることであるが、日本ではヨーロッパと同様に、その人間性は山岳によって表される、といえるだろう」

ド・ラ・マズリエールが論評した日本民族の一般的な性格について、今度は私たち自身が語らねばなるまい。そこでまずは「義」から始めたい。

（注一）ラフカディオ・ハーン『異国的なものと回顧的なもの』八四ページ。
（注二）ブートミー『イギリス国民』一八八ページ。
（注三）ナップ『封建的および近代的日本』第一巻一八三ページ。

第三章

義——武士道の礎石

孟子《もうし》によれば「義」とは、
人が失われた楽園を取り戻すために
通らねばならない、
真っすぐな狭い道のことである。
この率直で、正直で、男らしい徳は、
最高に光り輝く宝石であり、
日本人がもっとも高く賞賛する
対象だったのである。

「義」は、武士の掟《おきて》の中で、もっとも厳格な徳目である。サムライにとって卑劣なる行動、不正なふるまいほど忌《い》まわしいものはない。この義の観念は間違っているかも知れないし、おそらく概念としては狭すぎるであろう。

林子平《はやししへい》は、これを決断する力と定義して、「義は自分の身の処し方を道理に従ってためらわずに決断する力である。死すべきときには死に、討つべきときには討つことである」と語っている。あるいは、真木和泉守《まきいずみのかみ》という武士は、「武士の重んずるところは節義である。節義とは人の体にたとえれば骨に当たる。骨がなければ首も正しく上に載ってはいられない。手も動かず、足も立たない。だから人は才能や学問があったとしても、節義がなければ武士ではない。節義さえあれば社交の才など取るに足らないものだ」と述べている。

孟子《もうし》は「仁は人の良心なり、義は人の道なり」といったが、その「仁」と「義」がすたれた世を見て嘆き、こういった。「その道を捨てて顧みず、その心をなくしても求めようともしない。哀しいかな。鶏や犬がいなくなっても探すことはできるが、心がなくしては探しようがない」と。

このことは、孟子に遅れること三百年後、別の地において、みずからの道を〝義の道〟と呼び、「われに従えば、失われたものを見いだすことができるだろう」といわれた、偉大な師イエス・キリストの言葉を、私たちは鏡を見るごとく思い出すであろう。余談に入ってしまったが、要するに、孟子によれば「義」とは、人が失われた楽園を取り戻すために通らねばならない、真っすぐな狭い道のことである。

封建制の末期になると、泰平の世が長く続いたために、武士階級の生活にも余裕が生じ、それにともないあらゆる種類の遊興や芸事がはやり始めた。だがそんな時代でさえ、「義士」という呼び名は、学問や芸術の熟達を意味するいかなる言葉よりも「優れた者」と考えられた。わが国の大衆教育にとりわけよく引用される『忠臣蔵《ちゅうしんぐら》』の武士たちは、俗に「四十七人の義士」として知られている。狡猾《こうかつ》な策略が軍事的な戦略として、あるいは真っ赤な嘘が戦術としてまかり通っていた時代に、この率直で、正直で、男らしい徳は、最高に光り輝く宝石であり、日本人がもっとも高く賞賛する対象だったのである。

▼「正義の道理」が私たちに命ずる

義理は時を経るうちに曖昧《あいまい》になり、堕落した。

「義理」は「正義の道理」として出発したにもかかわらず、しばしば詭弁《きべん》のために用いられ、非難されることを怖れる臆病《おくびょう》にまで墜《お》ちてしまったのだ。

義は、いま一つの勇ましい徳である「勇」と双子の関係にある。両方とも武徳である。

だが勇について語る前に、しばらく義からの派生語と呼べるものに言及しておきたい。

それは「義理」についてである。文字通りの意味は「正義の道理」である。だが、次第にそれは世論が果たすべき義務と、世論が期待する義務感を意味するようになってしまった。

だが、もともとは、あくまで単純な義務を指していた。したがって、私たちが親や目上の者、もしくは目下の者、あるいは社会一般などに負う義理について話すとき、義理は義務のこととなった。

なぜなら、義務とは「正義の道理」が要求し命じる以外のなにものでもないからである。「正義の道理」こそは、無条件に従うべき絶対命令であるべきではないのか。

とはいえ、「義理」は本来、義務以上のなにものでもなかった。あえて言葉の由来をいえば、たとえば親に対する私たちの行動は、愛が唯一の動機である。だが、それがない場合は、孝養を強《し》いるための何らかの権威が必要となる。そこで人々はこの権威を義理としたのである。

これは極めて正しかったといわねばならない。なぜなら、もし愛情が徳の行動に結びつかない場合は、頼りになるものは人の理性である。そしてその理性は、直《ただ》ちに人に正しく行動することを訴えるからである。

同様のことは他の道徳的義務についてもいえる。義務が負担になった瞬間でも、「正義の道理」が私たちにそれを命令するからである。義理をこのように理解すれば、それは厳しい監督者となって鞭《むち》を手にし、怠《なま》け者になすべきことを実行させる。

されども、義理は道徳的には第二義的な力である。動機づけの要因としては唯一の「律法」であるキリスト教の愛の教えには劣る。それは義理が人間社会がつくりあげた産物だからだ。

人は偶然うまれた情実によって階級社会をつくり、その社会的単位は家族である。そこでは才能の優劣より年齢が重視される。いわば義理は、自然な愛情が人間のつくった恣意《しい》的な習慣にしばしば屈服させられるような、そんな社会的条件の中にあるからである。

そのために義理は時を経るうちに曖昧《あいまい》になり、堕落した。

たとえば、なぜ母親は長子を救うために、必要とあれば他のすべての子どもを犠牲にしなければならないのか。なぜ娘は父親の遊興の費用を払うために、わが身を売らねばならないのか、といった状況においてである。

「義理」は「正義の道理」として出発したにもかかわらず、しばしば詭弁《きべん》のために用いられ、非難されることを怖れる臆病《おくびょう》にまで墜《お》ちてしまったのだ。

英国の小説家・スコットは愛国心について、「それはもっとも美しく、それゆえにもっとも疑わしい。

一方は他方の感情の仮面である」と述べているが、これは義理についてもいえるだろう。

「正義の道理」から遠く離れてしまった義理は、驚くべき言葉の誤用を生んでいる。それは翼の下にあらゆる偽善を隠し持っている。

もし武士道が明確な正しい勇気と、敢然と耐えうる精神力を持っていなかったとすれば、義理は即座に卑怯者《ひきょうもの》の詭弁となっていたであろう。

第四章

勇

――勇気と忍耐

孔子《こうし》は『論語』において、
よく使う彼一流の否定的な論法で
「勇」の定義を、
「義を見てせざるは勇なきなり」と説いた。
この格言を肯定的にとらえるなら、
「勇とは正しきことを為《な》すこと」である。

▼義を見てせざるは勇なきなり

勇気は、義のために行われるものでなければ、徳の中に数えられる価値はないとされた。

孔子《こうし》は『論語』において、よく使う彼一流の否定的な論法で「勇」の定義を、「義を見てせざるは勇なきなり」と説いた。この格言を肯定的にとらえるなら、「勇とは正しきことを為《な》すこと」である。

だが、あらゆる種類の危険を冒し、一命を投げ出し、死の淵《ふち》に臨む、といったことは、しばしば勇気と同一視されるが、武器を用いる職業の者にあっては、このような猪突猛進《ちょとつもうしん》の行為は賞賛には値しない。シェークスピアが「勇気の私生児」と呼んだごとく、武士道でも死に値しないもののために死ぬことは「犬死《いぬじに》」とされた。

「戦場に飛び込み、討ち死にするのはいともたやすきことにて、身分の賤《いや》しき者にもできる。生きるべきときは生き、死ぬべきときにのみ死ぬことこそ、真の勇気である」と水戸義公《みとぎこう》（水戸光圀《みつくに》）はいった。が、義公がその名前すら聞いたことのなかったプラトンも、勇気とは「恐るべきものと、恐れるべきでないものを識別すること」だと定義している。西洋でいうところの道徳的勇気と肉体的勇気の区別は、わが国にあっても昔から認識されていた。いやしくも武士の少年で、「大義の勇」と「匹夫《ひっぷ》の勇」について聞いたことのない者がいたであろうか。

剛胆、不屈、勇敢、大胆、勇気などは、少年の心にもっとも浸透しやすい心情として、訓練や鍛錬によって鍛えられたものであった。それらは少年たちの間で幼き頃から競わされる、もっとも人気のある徳目であった。

軍記物語などで勇気ある者が手柄《てがら》を立てる話は、少年たちが母親の胸に抱かれているころから繰り返し聞かされた。もし幼子《おさなご》が何かの痛みで泣けば、母親は「これしきの痛みで泣くとは、なんという臆病者《おくびょうもの》でしょう。戦《いくさ》で腕を切り落とされたら、どうするのですか。切腹を命じられたらどうするのですか」と励ますのが常であった。

『先代萩《せんだいはぎ》』の中に登場するまだいたいけな幼君が、いじらしくもひもじさに耐える話は日本人ならだれでも知っている。幼君は小姓《こしょう》にこういうのだ。

「籠《かご》の中の小さい雀《すずめ》をごらん。黄色いくちばしを、なんて大きく開いているのだろう。それに、ほら！　親鳥が餌《えさ》をくわえてきて食べさせている。子雀たちはなんておいしそうに楽しく食べていることか。でも、サムライは腹が減っても、ひもじいと思っては恥なのだ[訳注一]」

忍耐と勇気の逸話は、おとぎ話にも数多く見られる。親は時には過酷とも思えるほどの厳しさで、「獅子《しし》はその子を千尋《せんじん》の谷底に突き落とす」と教え諭《さと》し、子どもたちの胆力《たんりょく》を鍛えた。武士の子はあえて試練をあたえられ、ギリシャ神話のシジフォスのような苦役《くえき》を味わわされるのだった。時には食物をあたえられなかったり、寒気にさらされたりすることも、子どもたちの忍耐を鍛えるための試練とされた。年端《としは》もいかない子どもを、まったく面識のない人の所へ使いに出したり、冬のさなか、早朝に起こされて、師匠のもとに素足《すあし》で通わせ、朝食前の素読《そどく》の稽古《けいこ》をつけてもらうこともあった。

あるいはまた少年たちは、月に一、二度の天神《てんじん》様の祭りなどでは、少人数で集まり、夜通し寝ずに輪読をした。処刑場、墓場、幽霊屋敷などの薄気味悪い場所へでかけることも、彼らにとっては楽しい遊びであった。斬首刑《ざんしゅけい》が公衆の面前で行われていた時代には、少年たちはその恐ろしい光景を見に行かされただけでなく、夜遅くなってから一人でその場所を訪れ、さらし首に証拠の印をつけてくることを命じられた。

この超スパルタ式の[注一]「度胸を叩き込む」やり方は、現代の教育者に恐怖と疑問を抱かせるかもしれない。こんなやり方では人の心の優しい感情を踏みにじりはしないかという疑問である。そこで私は、武士道が勇気について、他にどのような考え方を持っているか、次の章で述べることにする。

（注一）勇気の精神的側面は沈着、すなわち落ち着いた心の状態となって表れる。大胆な行動が動態的表現であるのに対し、平静さは静止の状態での勇気である。真に果敢な人間は常に穏やかである。決して驚かされず、何物にもその精神の均衡を乱されない。

そのような者は戦場にあっても冷静である。破壊的な大惨事の中でも落ち着きを保つ。地震にも動揺せず、嵐を笑うことができる。死の危険や恐怖にも冷静さを失わず、たとえば迫り来る危機を前にして詩歌をつくり、歌を口ずさむ。そういう人こそ偉大なる人と賞賛されるのだ。文《ふみ》づかいや声音《こわね》になんの乱れも見せないことは、心の広さであり、私たちはそれを「余裕」と呼んでいる。そうした人は慌てることも混乱することもなく、さらに多くのものを受け入れる余地を残している。

史実として巷間《こうかん》伝えられるところによれば、江戸城の偉大な築城者であった太田道灌《おおたどうかん》が槍で刺されたとき、道灌が歌の道の達人であることを知っていた刺客《しかく》は、その一突きとともに、次のような上の句を詠んだ。

かかる時さこそ生命の惜しからめ

これを聞いた道灌は、脇腹に受けた致命傷にいささかもひるまず、息も絶えようとするさなかに、

兼ねてなき身と思ひ知らずば

と、下の句を続けたのであった。

勇気ある者にはスポーツの要素すら見られる。普通の人には深刻なことでも、勇敢な人にはまるで遊びのようであったりする。昔の戦いでは合戦の相手同士が当意即《とういそく》

妙《みょう》なやりとりを交わしたり、大音声《だいおんじょう》で自己紹介をし合ったりした。合戦はただ野《や》蛮《ばん》な殺し合いではなく知的な勝負でもあった。

十一世紀末、そのような戦いが衣川《ころもがわ》の堤で行われた。このとき東国の軍は総崩れとなり、その大将・安倍貞任《あべのさだとう》は逃げようとした。そこへ追っ手の大将・源義家《みなもとのよしいえ》が彼に迫って声高く、「きたなくも（敵に）後ろを見するものかな。しばし引き返せ」と呼びかけた。貞任が馬を引き返すと、勝軍の将は即興で、

衣のたてはほころびにけり

と大声で詠みかけた。すると、その声が終わらないうちに、敗軍の将は平然と、

年を経し糸のみだれの苦しさに

と上の句をつけたのである。

それを聞いた義家は、引いていた弓をにわかに緩《ゆる》め、顔をそむけて、敵将を逃がした。この奇妙な振る舞いのわけを尋ねられた義家は、「敵に烈《はげ》しく追いつめられな

がらも、あのように心の平静さを保っている者を辱《はずかし》めるには忍びがたかったからだ」と答えたという。ブルータスの死を惜しむアントニウスとオクタヴィアヌスを襲った悲しみは、勇者たちがよく経験することである。

上杉謙信は十年以上にもわたって武田信玄と戦っていた。だが、その信玄の死が伝えられるや「敵の中のもっともすぐれた人物」を亡くしたと慟哭《どうこく》した。謙信の信玄に対する態度は常に崇高なる尊敬の念を抱いていた。信玄の領土は海から隔てた山国（甲州《こうしゅう》）にあった。そのため塩の供給を東海道の北条氏に頼っていた。そのころ北条氏は信玄と交戦状態であったわけではないが、信玄の勢力を弱めようと、塩の供給を断ち切った。謙信は敵である信玄の窮状を知ると、自国の海岸から塩を得ることができることもあって、信玄に書状を送った。

「我、公と争う所は弓箭《ゆみや》にありて米塩にあらず。請《こ》う、いまより以て塩を我が国に取られ候《そうら》へ。多き少なき、ただ、命のままなり」（『常山紀談《じょうざんきだん》』）。これはカミルス（古代ローマの将軍）の言った「ローマ人は金をもって戦わず、鉄をもって戦う」との言葉にも匹敵し、なお余りあるものがある。

ニーチェが「汝《なんじ》の敵を誇りとすべし、しからば敵の成功はまた汝の成功なり」と述べたのは、まさしくサムライの心情を語ったといえる。実に勇気と名誉は、ともに価値ある人物のみを平時の友とし、戦場の敵とすべきことを求めている。勇気がこの高さに到達するとき、それは「仁」に近づく。

（訳注一）『先代萩』のせりふと異なるが、英文に即して訳した。

第五章

仁——慈悲の心

孔子《こうし》や孟子《もうし》も、
天下を治める者の不可欠な条件として、
この仁の徳を説き、
「ゆえに仁は人《じん》なり」と定義した。
仁がなければ人ではない、と。

愛、寛容、他者への情愛、哀《あわ》れみの心は、常に至高の徳として、人間の魂がもつあらゆる性質の中で、もっとも気高きものとして認められてきた。それは二重の意味で「王者の徳」とされている。なぜなら、それ自体が多くの徳目の中でもとくに光り輝く徳であり、偉大なる王者にこそふさわしい徳であるからである。

私たちはシェークスピアが登場しなくとも、「慈悲は王冠よりすぐれた君主である」とか、「慈悲は笏杖《しゃくじょう》をもった王の統治よりすぐれている」といった言葉の意味を感じてはいたが、世界中の人々にあまねく知らしめるためには、彼のこのレトリックを必要としたのである。孔子《こうし》や孟子《もうし》も、民を治める者が必ず持たねばならない最高の徳として、この「仁」を幾度となく説いている。

孔子がいう。

「君子はまず徳を慎《つつし》む。徳あればここに人あり、人あればここに土《ど》あり、土あればここに財あり、財あればここに用あり。徳は本《もと》なり、財は末《すえ》なり」

さらにいう。

「上《かみ》仁を好みて、下《しも》義を好まざる者はあらざるなり」と。

孔子につづく孟子も、いう。

「不仁にして国を得る者はこれあらんも、不仁にして天下を得る者は未《いま》だこれあらざるなり」

そしてさらに、「天下心服せずして王たる者は未だこれあらざるなり」ともいう。二人とも天下を治める者の不可欠な条件として、この仁の徳を説き、「ゆえに仁は人《じん》なり」と定義した。仁がなければ人ではない、と。

おうおうにして封建制は武断政治に陥りやすいが、その体制のもとでも最悪の専制政治から人民が救われたのは、この「仁」の精神があったからである。統治される側が「生命と肉体」とを無条件でささげるとき、そこには統治者の強力な意志だけが残る。そして、その必然的結果として、専制政治は絶対主義をもたらす。ヨーロッパ人はこれをしばしば「東洋的専制」と呼んだ。まるで西洋史には一人の専制君主もいなかったように！

私はいかなる種類の専制政治をも断じて支持するものではない。だが、封建制と専制政治を同一視するのは間違いである。フリードリヒ大王（プロイセンの王）が

「王は国家の第一の召使いである」と記したとき、法律学者たちは、自由の発達が新しい時代をもたらしたのだと、正しく評した。

不思議にも時を同じくして、日本の東北の山間部にある米沢《よねざわ》では、藩主として上《うえ》杉鷹山《すぎようざん》が現れ、これとまったく同じ宣言をした。「国家人民の立てたる君にして、君のために立てたる国家人民には之無《これなく》候《そうろう》」といって、封建制がけっして暴政や圧政ばかりではなかったことを証明したのだ。

封建君主は自分の家臣と相互の義務を負うとは考えていなかったが、それ以上に先祖や天に対して高い責任感を抱いていた。つまり君主は領民の父であり、天から領民の保護を預かっている者と思っていたのである。

古代中国の『詩経《しきよう》』によれば、「殷《いん》の王室が人心を失うまでは、彼らは天の前に現れることができた」とある。さらに孔子は『大学』の中で、「民の好むところを好み、民の悪《にく》むところを悪む、これを民の父母という」と教えている。

このように民衆の世論と君主の意志は一致し、民主主義と絶対主義とはたがいに折り合っていたのだ。しかるにまた武士道も、一般にいわれる意味とは別に、世襲政治を受け入れ、それを是認している。

それは、あまり関心をもたれない〝アンクル・サムの政治〟[訳注一]に対する意味でも、より父権的であった。専制政治と世襲政治との違いはこうである。つまり前者では人民は不本意な服従を強いられるが、後者では「かの誇り高き従順、かの品位ある帰順、隷従《れいじゅう》の中にあってさえ、高き自由の精神を生き生きと保つ心服[注一]」によって従うのである。イギリスの国王をさして「悪魔の王」と呼び、「それは臣下がたびたび君主に反逆して、その王位を奪うから」とか、フランスの国王を「ロバの王、すなわち租税や賦課《ふか》を無限に負わせるから」ともいう。そしてスペインの国王には「人間の王」という称号をあたえる。なぜなら臣下が進んで服従するから」などという古い諺《ことわざ》があるが、これらはかならずしも間違っているわけではない。しかし、もうこれぐらいにしよう。

徳と絶対的権力とは、アングロ・サクソンには相容《あいい》れない言葉のように響くかもしれない。ポベドノスツェフはイギリスと他のヨーロッパ諸国の社会の基礎を比較して、ヨーロッパ諸国の社会は共通の利益を土台としてつくられているが、イギリスの社会はよく発達した個人の独立の人格によって築かれている、と分析した。このロシアの政治家は、ヨーロッパ諸国の、とりわけスラブ民族の間では、個人の人格は何らかの社会的連合からなり、究極的には国家に依存すると述べている。

このことは、日本人の場合は二重の意味で真実である。日本では君主が権力を自由に行使することは、ヨーロッパほど重圧とは思われず、むしろ領民の感情に対する父権的な考慮として穏やかなものに感じられたのである。

ビスマルク（ドイツの政治家）は、「絶対主義に第一に必要なのは、統治者が公平かつ正直で、義務感が強く、精力的で謙虚なことである」といっている。この問題について、もう一つ引用を許してもらえるならば、ドイツ皇帝のコブレンツにおける演説をあげたい。その中で皇帝は、「神の恩恵によりあたえられた王権は、創造主に対してのみ、重い義務と責任を負う。したがって、いかなる人も、いかなる大臣も、議会も、国王からこれを免除することはできない」と述べている。

サムライの慈悲は
盲目的な衝動にかられるものではなく、
常に正義に対する
適切な配慮を含んでの慈悲であった。

仁は、優しく柔和で母のような徳である。高潔な義と厳しい正義が男性的であるとするなら、仁における慈悲は女性的な優しさと説得力を持つ。だが、サムライたちは正義や公正さを持つことなしに、むやみに慈悲に溺《おぼ》れることを戒められた。伊達政宗がいったという、「義に過ぎれば固くなる。仁に過ぎれば弱くなる」との有名な言葉は、このことを表している。

幸いにも、慈悲は美しいものであるが、珍しいものでもなかった。なぜなら「もっとも勇気ある者はもっとも心優しい者であり、愛ある者は勇敢である」ということが、普遍的な真理とされていたからである。

だから「武士の情け」という言葉には、私たちの高潔なる心情に訴える美しき響きがあった。だが、だからといって、サムライの慈悲が他の人々の持っている慈悲と種類が異なっていたというわけではない。サムライの慈悲は盲目的な衝動にかられるものではなく、常に正義に対する適切な配慮を含んでの慈悲であったからだ。さらにいうなら、その慈悲は単なる心のある状態にとどまらず、もっと厳しい生殺《せいさつ》与奪《よだつ》の権力をもった慈悲を意味していた。なぜなら武士の慈悲には、受け手の利益や損害をもたらす力がふくまれていたからである。

武士はみずからの武力や、それを行使できる特権を誇りにしながらも、同時に孟子の説いた仁の力に同調していた。孟子はいう。

「仁の不仁に勝つは、なお水の火に勝つがごとし。今の仁を為す者は、なお一杯の水をもって、一車薪《いっしゃしん》の火を救うがごとし」

さらにいう。

「惻隠《そくいん》の心は仁の端《はじめ》なり」と。

それゆえに孟子は、仁の心をもっている人はいつも、苦悩する人、辛苦《しんく》に耐えている人、弱き人々を思いやるのだ、と説いたのである。道徳の基礎を仁（慈悲）においた孟子の哲学は、アダム・スミス（英国の経済学者）の思想より先んじた、人間愛の思想だったと言ってよいだろう。

一国の武士の名誉の掟《おきて》が、他国のそれといかに密接に関係しているかは、じつに驚くべきものがある。別言するなら、ひどく誤解されてきた東洋の道徳観念が、実のところはヨーロッパ文学のもっとも高貴な格言と、符合するものがあるということだ。

敗《やぶ》れたる者を慈《いつく》しみ、傲《おご》れる者を挫《くじ》き、
平和の道を立てること、これぞ汝《なんじ》の業《わざ》。

このよく知られた一節を日本の紳士に見せたら、その紳士は躊躇《ちゅうちょ》なく、このマントバの詩人（ヴェルギリウス）を自国の文学から盗作したとして告発するかも知れない。

ヨーロッパではキリスト教が、
戦いの恐怖のさなかに
他者への憐《あわ》れみの心に貢献したが、
日本では音楽や文学を愛する心が、
その役割を果たした。
優しい感情を養うことは、
他者の苦しみを慮《おもんぱか》る
思いやりの心を育てるのである。

▼「詩人」でもあったサムライたち

か弱き者、敗れたる者、虐《しいた》げられた者への仁の愛情は、とくにサムライに似つかわしいものと称揚《しょうよう》された。

日本美術の愛好者なら、牛に後ろ向きに乗った一人の僧の絵画を知っているだろう。この僧は、かつてその名を口にするだけでも人々を震えあがらせた武士であった。熊谷直実《くまがいなおざね》という。

わが国の歴史上、激戦の一つに数えられる須磨《すま》の浦《うら》の戦い（一一八四年）のさなか、この武士は一人の敵に追いつき、一騎討ちをいどみ、相手を両腕で組み伏せた。こうした場合、戦いの礼儀として、相手の身分が高いか、こちらと力量が同程度の者でなければ、血を流さないことが作法だった。この屈強な武士は相手の素《す》性《じょう》を知ろうとしたが、相手がかたくなに拒《こば》んだため、容赦《ようしゃ》なく兜《かぶと》をはぎ取った。見るとまだ髭《ひげ》も生えていない美しき若武者（平敦盛《たいらのあつもり》）の顔だった。直実は驚いて手をゆるめ、この若者を助け起こし、父親が諭《さと》すように、この場から立ち去るようにと告げた。

「あな美《うるわ》しの若殿や、御母の許《もと》へ落ちさせたまえ、熊谷の刀は和殿《わどの》の血に染むべきものならず、敵に見咎《みとが》められぬ間に、とくとく逃げ延びたまえ」

だが、若武者は逃げることを拒み、あらんことか二人の名誉のために、この場で自分の首を斬ってくれるようにと請《こ》うのだった。白髪の強者《つわもの》直実の頭上には振りかざした氷の刃が光っていた。それはこれまで数多くの生命をうばった刃だった。直実の勇猛な心がゆるんだ。一瞬、脳裏に彼の息子の姿が浮かんだからだ。まさにこの日、彼の息子もホラ貝の合図とともに初陣《ういじん》を飾っていたのであった。

直実の強靱《きようじん》な腕がわなわなと震えた。直実はいま一度、逃げ延びたまえと懇願《こんがん》した。だが、若者は首を横に振るだけだった。やがて味方の軍勢が地響きを立てながら押し寄せてくるのがわかった。直実は叫んだ。

「いまはよも遁《のが》し参らじ、名もなき人の手に亡《うしな》われたまわんより、同じうは直実が手にかけ奉りて、後の御孝養をも仕《つかまつ》らん。一念阿弥陀、即滅無量罪」

その瞬間、空中に白刃《はくじん》が舞い、振り下ろされたとき、それは若武者の血で赤く染まっていた。

戦が終わり、この武士は凱旋《がいせん》した。だが、いまの彼には栄誉や報奨には関心が向かなかった。直実は輝ける武勲の強者という名誉を捨て、頭を丸め、僧衣をまとい、余生を念仏行脚《ねんぶつあんぎや》に明け暮れる出家者となったのだった。

この話を聞いて批評家たちは、さまざまな欠点を指摘するかも知れない。だが、この物語は優しさ、憐《あわ》れみ、愛情が、サムライの血なまぐさい武勲をもいろどる特質であったことを語っている。古い諺にも「窮鳥懐《きゆうちようふところ》に入《い》れば、猟師も殺さず」というのがある。

このことによって、キリスト教的な赤十字運動が、なぜあれほど早く日本に基盤を築いたかも、大体説明がつくのではないか。日本人はジュネーブ条約（万国赤十字条約）のことを耳にする数十年前から、わが国随一の大衆作家、滝沢馬琴《たきざわばきん》の作品を通して、敵の傷病兵を治療することに親しんでいたのだった。

あるいは勇猛と厳しい鍛錬で聞こえた薩摩藩では、若者たちが音楽を愉しむのは一般的なことだった。それも「血を騒がせ、死を煽動《せんどう》する前触れ」としてのラッパや太鼓の音楽ではない。哀しくも優しい琵琶《びわ》の調べであり、猛《たけ》り狂う血気《けつき》を鎮《しず》め、血の匂いや殺戮《さつりく》の光景から遠ざけるための音楽である。

ポリュビオス（古代ギリシャの歴史家）によると、アルカディアの憲法では、三十歳以下の青年は全員、音楽の稽古《けいこ》を義務づけられているが、それはこの地方の過酷な気候からくる苦悩を、音楽によって和らげるためであった。ポリュビオスはアルカディア山脈のこの地方に残酷さがみられないのは、この影響ではないかとしている。

日本においても、薩摩藩のみが武士階級に優雅さを吹き込んだわけではなかった。白河楽翁《しらかわらくおう》（白河藩主・松平定信）が、心に浮かぶまま書き残したものの中に、次のような文がある。

「枕に通うとも咎なきものは花の香り、遠寺の鐘、夜の虫の音はことに哀れなり」

「憎くとも宥《ゆる》すべきは花の風、月の雲、うちつけに争う人はゆるすのみかは」

このような文学的素養をサムライに奨励したのは、より穏やかな姿を表面に保ち、同時にその心根を養うためであった。それゆえに日本の詩歌には哀感と優しさが底流に流れているのである。そのことは、よく知られている田舎侍（四十七士の大高源吾《おおたかげんご》）の逸話《いつわ》が、的確に語ってくれる。

このサムライは俳諧を学ぶことを勧められ、初会の席で「鶯《うぐいす》の声」という季題をあたえられた。無骨者《ぶこつもの》の彼は、この季題に反発して、師匠の足下に次のような句を投げ出した。

鶯の初音を聞く耳は別にしておく武士《もののふ》かな

師匠はその粗野な感性に驚くこともなく、この若者を励ましつづけた。そして、ついにある日、彼は詩歌の心に目覚め、それに応えた。

武夫《もののふ》の鶯きいて立ちにけり

ケルナーは戦場で傷つき倒れたとき、[訳注二] 有名な『生命への告別』を書いた。彼の短い生涯におけるこの英雄的な出来事を、私たちは誉め称える。これと同じような出来事はわが国の戦でも決して珍しいものではなかった。簡潔で警句的なわが国の詩歌は、純粋な感情を即興的に歌い上げるには適していた。どのような教育を受けても、サムライは誰もがそれなりの詩人であった。戦場におもむく武士が立ち止まり、腰の矢立《やたて》を取り出して歌を詠むことはごく普通のことであった。だから、戦《いくさ》場《ば》で死者の兜《かぶと》や鎧《よろい》をはぐと、その中から辞世の句が見つけ出されることは、希《まれ》なことではなかった。

ヨーロッパではキリスト教が、戦いの恐怖のさなかに他者への憐《あわ》れみの心に貢献したが、日本では音楽や文学を愛する心が、その役割を果たした。優しい感情を養うことは、他者の苦しみを慮《おもんぱか》る思いやりの心を育てるのである。

他人の気持ちを尊重することから生まれる謙虚さや丁寧さこそ、次に述べる「礼」の根源となるのだ。

(注一) バーク著『フランス革命』。

(訳注一)「アンクル・サム」はアメリカ政府またはアメリカ国民のあだ名。ここでは民主主義を代表させる意味で使われている。

（訳注二）ケルナーはドイツの詩人・劇作家。義勇兵として対ナポレオン解放戦争に出征、戦死した。

第六章

礼——仁・義を型として表す

「礼は寛容にして慈悲深く、人を憎まず、自慢せず、高ぶらず、相手を不愉快にさせない。自己の利益を求めず、憤《いきどお》らず、恨《うら》みを抱かない」ものである。

▼礼の最高の形態は「愛」

日本人の美しき礼儀の良さは、外国人旅行者の誰もが認めるところである。だが、もし礼が、「品性のよさ」を損なう恐れがあるがために行われるのであれば、それは貧弱な徳といわねばならない。なぜなら、礼は他を思いやる心が外へ表れたものでなければならないからだ。

それはまた、物事の道理を正当に尊重することであり、それゆえに社会的な地位を当然のこととして尊重する意味も含まれている。しかも、それは金銭上の貧富の差を問うのではなく、いかに人間として立派か、すなわち心の価値にもとづく区別なのである。

礼の最高の形態は、ほとんど愛に近づく。私たちは敬虔な気持ちをもって、「礼は寛容にして慈悲深く、人を憎まず、自慢せず、高ぶらず、相手を不愉快にさせない。自己の利益を求めず、憤《いきどお》らず、恨《うら》みを抱かない」ものであるといえる。ディーン教授（アメリカの動物学者）は人間としての六つの要素を掲げ、その中でも礼に人間関係の最高の地位をあたえているが、これはむしろ当然といえるだろう。

私はこのように礼を高く評価するが、かといって数ある徳目の中で最高位に置いているわけではない。礼を分析してみると、礼はさらなる高位の徳と関係していることがわかるからだ。もともと徳というものは孤立して存在しているわけではない。とくに礼は武人特有のものと賞賛され、本来の価値以上に尊重されているが、それゆえに偽物が生じているようにも思われる。孔子《こうし》自身も、うわべだけの作法が礼儀ではないことは、音が音楽と同一ではないのと同じことだと繰り返して説いている。心が籠《こ》もっていなければ礼とは呼べないのである。

礼儀作法が社交の必須条件にまで高められると、青少年たちに正しい社会的な振る舞い方を教え込むために、詳細な作法の体系がもてはやされるようになることは、当然のこととして予想された。人に挨拶《あいさつ》をする際のお辞儀の仕方、歩き方、座り方など、こと細かな注意が教えられ、学ばされた。食事の作法は学問にまでなった。茶を点《た》てて飲むことは、礼式にまで高められた。教養ある人はこれらの作法のすべてに通じていることが期待されたのである。その意味で、いみじくもヴェブレン（アメリカの社会学者）が、その快著の中で[注一]行儀作法とは「有閑《ゆうかん》階級の生活の産物であり、かつその見本である」と言い放っているのは、けだし正解といってよいだろう。

わが国のきめ細かな礼儀作法について、私はヨーロッパ人たちが軽蔑《けいべつ》的な批評をしているのを聞いたことがある。彼らの批判は、そのような躾《しつけ》が私たちの柔軟な思考力を奪い、あまりにも厳格な礼儀作法は馬鹿げて見える、というのだ。たしかに、わが国の礼儀作法の中には不必要なほどのくどさがあることを私も認めている。だが、西洋人のたえず変化する流行へのこだわりほど、馬鹿げているかどうか、私にはわからない。

ただ私は、流行でさえ、単なる虚栄心の気まぐれとは考えていない。逆にこれらを、人間の飽くなき美への探求心とみている。ましてや念入りな礼儀作法をまったく取るに足らないものとは思っていない。なぜならそれは、ある成果を達成するために、もっとも適切な方法を長い年月をかけて試行してきた結果であるからだ。

何ごとであれ、もし何かをしようとすれば、それを為《な》すための最善の方法というものがあるはずである。そしてその最善の方法とは、もっとも無駄がなく、もっとも優美なやり方になるであろう。

ハーバート・スペンサー（英国の社会学者）は、「優美とはもっとも無駄のない動き」と定義している。たとえば、茶道は茶碗や茶杓《ちゃしゃく》、茶巾《ちゃきん》などの扱いに一定の決まった作法を示す。それは初心者には退屈にすら思える。けれどもやがて、そうした定められた作法が、結局はもっとも時間や労力の節約になっていることに気づく。要するに、それがもっとも無駄のないやり方であり、スペンサーのいうところの「優美な方法」であることを発見するのだ。

社交的な礼儀作法の精神的意義とは何なのか。カーライル（英国の思想家）の『衣服哲学』の用語を借りれば、作法や儀礼は精神的規律の単なる上着ということになるのだが、その意義は外見だけでは計りがたい大きなものが潜んでいるといえる。スペンサーの例に倣《なら》って、わが国の儀式制度や礼儀作法の起源、あるいはそれらを生みだした道徳的な動機をたどることもできようが、それは私が本書で取りあげるべきものではない。私がここで強調したいのは、礼を厳密に守ることにともなう道徳的訓練についてである。

作法は細部にわたって念入りに定められているため、それぞれが別の様式を唱えて、いろいろな流派が誕生した。だがそれらは根本的なところではすべて一致している。もっとも有名な礼法の流派である小笠原《おがさわら》宗家（小笠原清務《せいむ》）の言葉によれば、「礼道の要諦《ようてい》は心を陶冶《とうや》することにある。礼をもって端座《たんざ》すれば、凶人剣を取って向かうとも害を加うること能《あた》わず」という。つまり、正しい作法をたえず訓練することによって、身体のあらゆる器官と機能に完全な秩序をもたらし、肉体と環境とを調和させることによって精神の支配をおこなうことができる、というのである。フランス語のbienséance《ビアンセンス》（礼儀）という言葉は、何とあたらしく深い意味を持っていることか。注二

　優美さが無駄を省いた作法という言葉が真実なら、優美な立ち居振る舞いのあくなき練習は、論理的にいえば、内なる余力を蓄えることにつながる。したがって洗練された作法というものは平静状態の無限なる力を意味する。あの野蛮なゴール人がローマを略奪して元老院の集まりに乱入したとき、無礼にも元老たちの髭《ひげ》を引っ張ったというが、責められるべきは元老たちである。なぜなら、もし元老たちに威厳にみちた立ち居振る舞いがあれば、そうした事態を招くことはなかったと思える

からだ。では、作法を通じて本当に高い精神的境地に達することができるのか。いや、なぜできないことがあろうか。すべての道はローマに通じるのだ!

茶の湯は礼法以上のものである。
それは芸術であり、
折り目正しい動作をリズムとする詩であり、
精神修養の実践方式なのである。
茶の湯の最大の価値は
この最後の点にある。

▼茶の湯は精神修養の実践方式

単純きわまりないものが、どうして一つの芸術として大成され、さらには精神的修養となるのか、その例として「茶の湯」を取りあげよう。わが国ではお茶一つ飲むことですら芸術になるのである。それは砂遊びで絵を描く子どもたちや、岩に彫刻をした未開人にも、ラファエロやミケランジェロのような芸術の芽生えがあるのと同じことだ。それゆえに、ヒンズー教の隠者の瞑想《めいそう》とともにはじまった喫茶《きつさ》の風習には、宗教や道徳の侍女《じじょ》へと発展する資格は十分に含まれているばかりか、はるかに大きい要素が秘められているといえる。

茶の湯の基本である心の平静さ、感情の静謐《せいひつ》さ、立ち居振る舞いの落ち着きと優雅さは、正しき思索とまっとうな感情の第一要件である。

騒がしい世俗の喧噪《けんそう》から離れた、塵《ちり》ひとつない茶室の清潔さは、それだけで私たちの心から現実を忘れさせてくれる。何もない室内は、西洋の客間に飾られた絵画や骨董品《こっとうひん》のように人目をひくものはなく、「掛け物」の存在は、色彩の美しさより構図の優美さに心ひかれる。茶の湯は趣《おもむき》を極限まで洗練させることが目的であり、そのためにはいかなる虚飾も宗教的な崇敬《すうけい》さをもって排除される。

茶の湯が戦乱や戦闘の噂がたえなかった時代に、一人の瞑想的な隠遁者《いんとん》によって考案されたという事実が、この作法が遊戯以上のものであることを証明している。茶の湯に集まり来る人々は、静かな茶室に入る前に、血生臭《ちなまぐさ》い刀とともに戦場での残忍さや政治的なわずらわしさなどを捨て去り、この茶室の中に平和と友情を見出したのである。

茶の湯は礼法以上のものである。それは芸術であり、折り目正しい動作をリズムとする詩であり、精神修養の実践方式なのである。茶の湯の最大の価値はこの最後の点にある。茶の湯の愛好家の中にはそれ以外の点に重点を置く者もいるが、だからといって茶の湯の本質が精神的なものではない、という証明にはならない。

礼儀は、常に優美な同情となって表れる。
すなわちそれは、
泣いている人とともに泣き、
喜ぶ人とともに喜ぶ、ということである。

礼儀は、たとえ立ち居振る舞いに優美さをあたえるだけだとしても、大いに得るところがある。しかも、その作用はそれだけにはとどまらない。礼儀は、仁と謙譲の動機から生まれ出るように、他者の感情への優しさによって動くものであるから、常に優美な同情となって表れる。すなわちそれは、泣いている人とともに泣き、喜ぶ人とともに喜ぶ、ということである。

このような教訓的な要素が、日常生活の細部にまで及んだとき、私たちがほとんど気がつかないような、ちょっとした行為にまでそれが表れることがある。あるいは気づいたとしても、それは在日二十年になる女性宣教師がかつて私に語ってくれたような、「ひどくおかしな」ものに見える。

たとえば、太陽の照りつける中、その婦人は日除《ひよ》けもなく町中を歩いていた。顔見知りの日本人が通りかかったので声をかけた。彼はすぐに帽子をとって挨拶した。ここまでは自然である。ところが、「ひどくおかしな」ことに、彼は婦人と話している間中、日傘《ひがさ》を降ろして、自分も照りつける太陽のもとに立っていたのだ。そこで彼女は思う。なんと馬鹿げた行為か、と。確かに、その動機が「あなたは炎天下にいる。私はあなたに同情する。もし私の日傘が大きければ、あるいはもっと親しい間柄なら、どうぞ私の傘に入ってもらいたい。しかし、それができないので、せめてあなたと苦痛をともにしているのです」というのでなければ、それはおかしなことであろう。

これと同じような、あるいはもっと滑稽《こっけい》な行為は少なくない。それは単なる身振りや習慣ではない。それらは他人を満足させようとする日本人の思慮深い、心の「体現化」の中にである。

もう一つ、外国人から見て、わが国の礼儀によって習慣化されている「ひどくおかしな」例がある。日本について表面的な見方しかしない多くの著者は、それを日本人に広く見られる裏腹の現象だと簡単に片づけてきた。この裏腹の習慣に接したことのある外国人なら、誰もがそのような場合にどう返答していいか当惑するであろう。

たとえばアメリカ人が贈り物をするとき、贈る側はその品物を誉《ほ》め称《たた》える。だが、日本ではその品物を「つまらないものですが」と悪くいう。この場合アメリカ人の心情は「この品物は素晴らしいものだ。素晴らしくなければあなたにあげたりはしません。素晴らしくない品物をあたえれば、あなたを侮辱したことになります」ということになる。これに対して日本人の場合は、「あなたは立派な人です。どんな贈り物でも立派なあなたにふさわしいものはありません。あなたの足下に何を置いても、私の善意のしるしとしてしか受け取れないでしょう。だからこの品物の価値ではなく、私の心のしるしとして受け取って欲しい。最上の品物でもあなたに十分にふさわしいものといえば、それはあなたの価値に対する侮蔑《ぶべつ》となるでしょう」と考えている。

この二つの考え方をくらべてみると、その究極のところは同じである。どちらも「ひどくおかしな」ものではない。アメリカ人は贈り物の品質のことを述べ、日本人は贈り物をする側の気持ちを言っているのである。

私たちの礼儀の感覚が、立ち居振る舞いのあらゆる細かいところに表れるからといって、その枝葉末節《しようまつせつ》を取りあげ、原理原則そのものに批判を下すのは、本末転倒の論理である。食事をすることと、食事の礼法を守ることと、どちらがより大切なことだろうか。孟子《もうし》は答えている。「食の重き者と礼の軽き者とを取りて之を比せば、奚《なん》ぞ翅《ただ》に食の重きのみならんや」（食が重要な者と、礼を軽視する者とをくらべれば、ただ単に食のほうが重要だというのみである）。「金《かね》は羽より重しとは、あに一鉤《こう》の金と一輿《よ》の羽とを謂《いい》を謂《い》わんや」（金属は羽より重いというが、これはひとかけらの金属と、荷車一杯の羽とをくらべて言っているのであろうか）。一尺《しゃく》の厚さの木を取って、それを寺院の塔の上に置いても、誰もその木が寺院より高いとは言わないだろう。「真実を語ることと、礼儀正しくあるのと、どちらがより重要か」という問いに対して、日本人はアメリカ人とは正反対に答えるだろうといわれている。だが私は、正直と誠実さについて語るまで、その批評はここでは差し控えておく。

（注一）ヴェブレン『有閑階級論』一八九九年・四六ページ。
（注二）語源は正座。

第七章

誠——武士道に二言がない理由

「嘘」という日本語は、
「真実（まこと）」以外、
「事実（ほんとう）」以外の
いかなることを語る場合にも
使われる言葉なのだ。

真実と誠実がなければ、礼は茶番であり芝居である。伊達政宗は「度が過ぎた礼は諂《へつら》いとなる」という。あるいは菅原道真《すがわらのみちざね》の戒めた「心だに誠の道にかないなば、祈らずとても神や守らん」の道歌は、ポローニアス（『ハムレット』の登場人物）をしのいでいる。

孔子《こうし》は『中庸《ちゅうよう》』において誠を尊び、これに超越的な力をあたえて、ほとんど神と同一視した。いわく「誠は物の終始なり、誠ならざれば物なし」と。孔子が熱心に説くところによれば、誠は遠大にして不朽であり、動かずして変化をつくり、それを示すだけで目的を遂げる性質を持っているという。「言」と「成」からできている誠の文字を見ると、新プラトン学派のロゴスの説と比較してみたくなる。このような高さまで、孔子は非凡な神秘的能力で到達したのである。

嘘をついたり、ごまかしたりすることは、卑怯者《ひきょうもの》とみなされた。武士は支配者階級にあるだけに、誠であるかどうかの基準を、商人や農民よりも厳しく求められた。「武士の一言」すなわちサムライの言葉は、ドイツ語の「リッターヴォルト（Ritterwort）」に当たるが、それはその言葉が真実であることを保証した。

それほどの重みをもった言葉であるだけに、武士の約束は通常、証文《しょうもん》なしに決められ、実行された。むしろ証文を書くことは武士の面子《めんつ》が汚《けが》されることであった。「二言《にごん》」、つまり二枚舌のために、死をもってあがなった壮絶な逸話が多く語られている。

本物の武士は「誠」を命より重く見ていたので、誓いを立てるだけでも名誉を傷つけるものと考えていた。その点では、一般のキリスト教徒が彼らの主の「誓うことなかれ」という明白な教えを、絶えず破っているのとは大いに違う。

とはいえ、サムライが八百万《やおよろず》の神々や自分の刀にかけて誓ったことを私は知っている。だが、彼らの誓いはたわむれの形式や不敬虔《ふけいけん》な祈りになることは決してなかった。ときには、その言葉を確固たるものにするために文字通り血判を押すという行為もとられた。こうした行為の説明には、読者にゲーテの『ファウスト』を参照されることを勧める。

最近、一人のアメリカ人が著書を書いて、その中で「もし、普通の日本人に対して嘘をつくのと、礼を失するのと、いずれを取るかと尋ねれば、ためらわずに嘘をつくこと、と答えるだろう」と述べていた。この本を書いたピーリー博士（アメリカの宣教師）のこの説[注一]は、一部には正しく、一部では間違っている。正しいというのは、普通の日本人は、サムライのみならず誰でもそう答えるからである。間違っているというのは、博士が「嘘」という日本語の言葉を「フォールスフッド（falsehood）」と訳して、その言葉に重みを置きすぎたということである。「嘘」という日本語は、「真実（まこと）」「事実（ほんとう）」以外のいかなることを語る場合にも使われる言葉なのだ。ローウェル（アメリカの詩人）は「ワーズワースは真実と事実の区別がつかなかった」といったが、その点では普通の日本人はワーズワースと変わらない。

たとえば日本人に、あるいはある程度洗練されたアメリカ人に、「私が嫌いですか」「あなたは胃の調子が悪いのですか」などと、尋ねてみるがよい。相手はためらうことなく嘘をついて、「いや、あなたが好きですよ」「とても元気です」と返答するだろう。だが、これに反して単に礼儀を欠かないためにつく嘘は、「虚礼」とか「甘言《かんげん》による欺瞞《ぎまん》」とみなされたのである。

嘘をつくことは
罪としては咎《とが》められていない。
むしろ心の弱さとして蔑《さげす》まれ、
不名誉なこととされた。

私はいま、武士道の「誠」について語っている。ここで日本人の商業道徳について触れておくのも、的外《まとはず》れではないだろう。というのも、この点については外国の書籍や新聞から多くの不満を聞いているからだ。

たしかに、日本人のいい加減な商業道徳はわが国の評判を落とす最大のものだった。だが、これを性急に責めたり、もしくはそのために日本人全体を非難するより前に、少し冷静に考えてみようではないか。そうすれば私たちは将来においての安心が得られるだろう。

人の世におけるすべての立派な職業の中で、商業ほど武士とかけ離れたものはなかった。商業は士農工商の職業分類上でもっとも下の地位に置かれていた。武士はその所得を土地から得ていたし、その気になれば素人《しろうと》農業に従事することもできた。だが、銭《ぜに》の勘定《かんじょう》ごとと算盤《そろばん》は徹底的に嫌っていた。

私たちは、なぜこのような配慮がなされたのかを知っている。それはモンテスキュー（フランスの哲学者）が明らかにしているように、貴族を商業から遠ざけておくことは、富が権力者に集中することを防ぐための誉《ほ》められるべき政策だったからである。権力と富の分離は、富の分配をより公平に近づけることに役立った。『西ローマ帝国最後の時代』の著者であるディル教授は、ローマ帝国衰亡の原因が、貴族が商業に従事することを許し、その結果、少数の元老の家系が富と権力を独占したことによって生じたことを教えてくれている。

それゆえに、封建時代における日本の商業は、もっと自由な状況下であれば到達したはずであろう段階までは発展しなかった。そのためか、この商業に対する侮蔑は、おのずから社会の評判など気にしないような無頼《ぶらい》の徒を集めることになった。「人を泥棒と呼べば、彼は盗むであろう」という格言がある。一つの職業に汚名をあたえれば、これに従事する者はおのずからその道徳をそれに合わせるという意味である。ヒュー・ブラック（アメリカの神学者）が言うように「正常な良心はそれに対して要求される高さまで上がり、それに対して期待された水準の限界にまでたやすく落ちる」のはごく自然なことである。商業であれ、他のどんな仕事であれ、なんらかの道徳律なくしては取引など成り立たないのである。

むろん封建時代のわが国の商人たちも、仲間内で取り決めた道徳律があった。またそれがなかったら、たとえ未熟な経済状況であっても、同業組合や銀行、取引所、保険、手形、為替《かわせ》などの基本的な商業制度を発達させることは決してできなかったであろう。だが、彼ら商人たちは、世評通りの最下層の身分に甘んじて生きたのであった。

そうした事情があったためか、日本が幕末になって外国貿易を始めたとき、開港した港に駆けつけたのは一儲《ひともう》けをたくらむ無節操な輩《やから》ばかりだった。篤実《とくじつ》な商人たちに幕府が港に支店を開くように要請しても、彼らは再三断りつづけていた。では武士道は、この時代に商業上の不名誉な流れをくい止めるのに無力だったのか。この点を考えてみよう。

わが国の歴史をよく知る人なら、外国貿易のために開港場が開かれてから、わずか数年後に封建制が廃止されたことを思い出すだろう。これにともない武士の秩禄《ちつろく》が取りあげられ、その代償として公債が発行されると、武士はそれらを資金に商取引に投資する自由をあたえられた。ここで読者は、「なぜ彼らは、その大いなる誇りとした誠を、彼らの新しい事業に持ち込み、商業の悪しき旧弊を改良できなかったのか」と尋ねるであろう。だが、不慣れな新しい商工業の分野で、ずる賢く狡猾《こうかつ》な駆け引きを弄《ろう》する者たちと競争するには、武士はあまりにも高潔で清廉《せいれん》すぎたのである。

そのために彼らは取り返しのつかないような大失敗を招き、その運命は泣いても泣ききれず、同情するにもしきれなかったほどだった。アメリカのような産業国家でも、実業家の八〇パーセントが失敗するとあっては、〝士族の商法〟として手を染めたサムライのうちの百人に一人だけが成功したとしても、なんの不思議もないのである。武士道の道徳律を事業の運営に試みようとして、どれほど多くの資産が消滅したかを確かめるためには、まだ時間がかかるだろう。だが、注意深い者なら誰もが、富の道が名誉の道ではないことはすぐにわかった。それでは、この二つの道はどういう点で違っていたのか。

レッキー（アイルランドの歴史家）は誠がもたらす三つの要因を挙げている。産業、政治、哲学である。第一の産業に関しては、武士道はまったく欠けていた。第二の政治は、封建下の政治社会ではほとんど発展できなかった。そして誠の正直さが徳目の中で高い地位を得たのは、まさに哲学の分野であり、レッキーがいうように最高の表現においてであった。私はアングロ・サクソン民族の優れた商業道徳に敬意を払い、その根拠を尋ねたことがあった。すると彼らは「正直は最善の策である」と答えた。要するに正直は引き合うというのである。となれば、それ自体がこの徳の報酬ではないのか。すなわち正直は嘘をつくよりも多くの金銭を得るということである。それゆえに正直を守るというのであれば、武士道はむしろ嘘をつくほうを選ぶであろう、と私は思う。抜け目のない商人たちは得するから正直を守るのであろうが、武士道は報酬を求めるために誠を貫くのではないからである。

レッキーが「誠はおもに商工業によって成長する」といったことは、極めて正しい指摘である。ニーチェがいうように、正直は徳の中でももっとも若い徳である。言い換えるなら、それは近代産業の養子であるといえる。もし、近代産業という母がいなければ、正直はすぐれた教養のある家にしか養子として育てることのできない、貴族の孤児のようなものである。サムライにとって正直は一般的なものであったが、より平民的で実利的な養母がいなかったために、このいたいけな幼児は発育することができなかったといってよい。

産業が発達するにともなって、正直は実行されやすくなった。いや、それどころか実益のある徳であることがわかってくる。考えてもみよ、ビスマルクがドイツ帝国の在外領事に訓令を送り、「嘆かわしいことに、ドイツ船の積載貨物は、明らかに質量ともに信用を欠いている」と警告を発したのは、少し前の一八八〇年十一月のことであった。だが今日、私たちは商取引におけるドイツの不注意や不正を耳にすることは比較的少ない。およそ二十年の間にドイツの商人は、結局は正直が割に合うことを学んだのである。そして日本人もすでにそのことに気づいている。

これ以上のことについては、私は読者に、この点について的確な判断を下せる二冊の近著をお薦めする。[注二] これに関して、商人である債務者ですら、名誉と正直が、約束手形の形で差し出すことのできるもっとも確かな保証であることを述べるのは、興味深いことである。「借金の返済を怠《おこた》った場合は、公衆の面前で嘲笑《ちょうしょう》されても何も申しません」とか、「返済できない場合は、バカと呼ばれても結構です」などといった文言を加えるのは、極めて普通のことであった。

私は何度も、武士道の誠は勇気以上に高い動機が必要とされるかどうかを考えた。偽証してはならないという積極的な戒めがないために、嘘をつくことは罪としては咎《とが》められていない。むしろ心の弱さとして蔑《さげす》まれ、不名誉なこととされた。実のところ、正直という観念は名誉と密接に関係しており、「正直」のラテン語とドイツ語の語源はともに「名誉」と一致しているのである。

では、武士道における名誉とは何か。そろそろそれを考察するときがきたようだ。

(注一)ピーリー『日本の真相』八六ページ。
(注二)ナップ『封建日本と近代日本』第一巻第四章。ランサム『転換期における日本』第八章。

第八章

名誉——命以上に大切な価値

恥ずかしめられることの恐怖は、
サムライにとって
はなはだ大きなものであった。
そのためか、サムライは名誉のために、
武士道の掟《おきて》を踏み越えるような
行為をすることもあった。

▼恥の感覚こそ、純粋な徳の土壌

名誉という感覚には、人格の尊厳と明白なる価値の自覚が含まれている。名誉は武士階級の義務や特権を重んずるように、幼児の頃から教え込まれ、武士の特質をなすものの一つであった。

今日、名誉（honour）と訳されている言葉は、その時代、頻繁《ひんぱん》に使われたものではない。その観念は「名」「面目《めんもく》」「外聞《がいぶん》」といった言葉で表現されていた。これらの言葉は聖書で用いられる「名《ネーム》」、ギリシャ語の仮面から生じた「人格《パーソナリティー》」、および「名声《フェイム》」を連想させる。

高名――人の名声。「人としてもっとも大切なもの、これがなければ野獣に等しい」という思いは、当然のこととして、高潔さに対する屈辱を恥とするような感受性を育てた。そして、この恥の感覚、すなわち廉恥心《れんちしん》はサムライが少年時代から最初に教えられる徳の一つであった。「笑われるぞ」「名を汚すなよ」「恥ずかしくはないのか」といった言葉は、過ちを犯した少年の振る舞いを正す最後の訴えであった。

少年たちの名誉心に訴えるこのやり方は、あたかも彼が母胎にいるころから名誉で養われたごとく、子どもの琴線《きんせん》を刺激した。なぜなら、名誉は家柄を尊ぶ強い家族意識と密接に結びついているからである。そのことをバルザック（フランスの作家）は「家族の結束を失うことで、社会はモンテスキューが名誉と名付けた根本的な力を失ってしまった」といっている。

実際に、羞恥心《しゅうち》という感覚は、人類の道徳意識のうちでも、もっとも早い徴候《ちょうこう》ではなかったかと私は考えている。あの〝禁断の実〟を味わった結果、人類に下された最初にして最後の罰は、子を産む苦しみでもなく、イバラや薊《あざみ》のトゲでもなく、羞恥の感覚の目覚めだった。人類最初の母が胸を揺すり、指を震《ふる》わせ、愁《うれ》いに沈む夫が持ち帰ったイチジクの葉を、そまつな針で縫《ぬ》っている光景ほど悲哀に満ちた姿は、それまでの歴史でなかったことである。この不服従の最初の果実は、たとえようのない執拗《しつよう》さで私に迫ってくるのだ。人類のいかなる裁縫の技術をもってしても、私たちの羞恥心を効果的に覆い隠すエプロンを縫うことは、いまだに成功していないのである。

新井白石《あらいはくせき》が少年時代に受けたわずかばかりの屈辱に際して、自己の人格を傷つけられることを拒んだことは正しかった。彼は「不名誉は樹木の切り口のように、時はこれを消さず、かえってそれを大きくする」といったのだ。あるいはカーライル（英国の思想家）が「恥は、あらゆる徳、立派な行い、善き道徳心の土壌である」といったように、孟子《もうし》もまた「羞悪の心は義の端《はじめ》なり」と、何世紀も前にまったく同じ意味の言葉を説いていた。

わが国の文学には、シェークスピアが劇中ノーフォークに言わせたような雄弁こそなかったが、恥ずかしめられることの恐怖は、サムライにとってははなはだ大きなものであった。それはあらゆる武士の頭上にダモクレスの剣のようにつるされ、時には病的とも思えるものだった。そのためか、サムライは名誉のために、武士道の掟《おきて》を踏み越えるような行為をすることもあった。極めて些細《ささい》な、というより侮辱をうけたとの妄想《もうそう》から、短気な慢心者は腹を立て刀を抜いた。そのことで多くの無用の争いを起こし、罪もないあまたの命を奪った。

たとえば、ある町人が武士の背中にノミがいるのを見つけて、親切心で教えたところ、武士はたちどころにこの町人を真っ二つに斬ってしまった。「ノミは畜生に寄生するものである。高貴な武士を畜生同様にいうのはけしからん」というのが断った理由だった。

だが、私にはこのような話はあまりにも馬鹿げていて、にわかには信じがたい。ただ、このような話が流布《るふ》したのには、次の三つの理由があるように思える。

一、このような話は平民をおどかすために作られたこと。

二、武士の名誉という特権が実際以上に乱用されて伝わったこと。

三、武士の間に極めて強い恥を知るという感覚が発達していたこと。

異常な例を挙げて武士道を非難するのは、明らかに公平ではない。これは宗教的狂信や盲信の結果、すなわち異端審問や偽善から、キリストの真の教えを判断するのが公平ではないのと同じことである。さりとて、宗教的偏執《へんしゅう》にも、酔っ払いの狂態にくらべればなにかしら心に触れるものがあるように、サムライの名誉に関する極端なまでの敏感さにも、純粋な徳の下地があるように私には思われるのであるが。

「人の咎《とが》むとも咎めじ、人は怒るとも怒らじ、怒りと欲を棄ててこそ常に心は楽しめ」（熊沢蕃山《くまざわばんざん》）

「人を相手にせず、天を相手にせよ。天を相手にして、己れを尽くし人を咎めず、我が誠の足らざるを尋ぬべし」（『西郷南洲翁遺訓《さいごうなんしゅうおういくん》』）

繊細な名誉への感覚が、病的ともいえる過度の行為に陥ることに関しては、寛容と忍耐の教えがそれをくい止める働きをした。ささいな刺激で怒る者は「短気」として笑い者にされ、よく知られた諺にも「ならぬ堪忍《かんにん》、するが堪忍」というのがある。あるいは偉大な武士であった徳川家康は、後世の人に、「人の一生は重荷を負うて遠き道を行くがごとし。急ぐべからず。堪忍は無事長久の基《もとい》……。己を責めて人を責むるべからず」との教訓を残している。家康はその生涯をかけて、みずからが説いたことを実証した人であった。

松浦静山《まつらせいざん》（平戸《ひらど》藩主）という武士が、わが国の歴史上でよく知られる三人の人物を取り上げ、その特徴を見事に示す警句を作っている。織田信長には「鳴かぬなら殺してしまえ時鳥《ほととぎす》」と詠《うた》わせ、豊臣秀吉には「鳴かぬなら鳴かせてみよう時鳥」、そして家康には「鳴かぬなら鳴くまで待とう時鳥」と詠わせた。

孟子もまた忍耐と我慢を大いに推奨した。あるところで彼は、「あなたが裸になって私を侮辱しても、それが私にとって何だというのか。あなたの乱暴で私の魂を汚すことはできない」と書いている。またほかのところでは、「些細なことで怒るようでは君子に値しない。大義のために憤《おこ》ってこそ正当な怒りである」と説いている。

武士道が戦いを好まず、我慢を強《し》いて柔和な境地に到達したことについては、鍛錬されたサムライたちの言葉から窺《うかが》い知ることができる。たとえば小河立所《おがわりつしょ》は「人の誣《し》うるに逆らわず、己が信ならざるを思え」といい、熊沢蕃山《くまざわばんざん》は「人の咎《とが》むとも咎めじ、人は怒るとも怒らじ、怒りと欲を棄ててこそ常に心は楽しめ」といっている。

もう一つの例を西郷隆盛の遺訓から引用しておこう。

「道は天地自然のものにして、人はこれを行うものなれば、天を敬するを目的とす。天は人も我も同一に愛し給ふゆえ、我を愛する心をもって人を愛するなり」(『西郷南洲翁遺訓《さいごうなんしゅうおういくん》』)

「人を相手にせず、天を相手にせよ。天を相手にして、己れを尽くし人を咎めず、我が誠の足らざるを尋ぬべし」(同)

これらの言葉にはキリスト教の教訓を思わせるものがあり、実践的な道徳においては自然宗教がいかに啓示宗教に近づくかを示している。これらの言葉は単に言葉として語られたものではなく、サムライたちの実際の行動として体現されたものなのである。

もし、名誉と名声が
得られるのであれば、
サムライにとって
生命は安いものだと思われた。

▼一命を棄てる覚悟

しかしながら、このような寛容、忍耐、寛大という精神を崇高なる高さにまで到達せしめた者は、ごく希《まれ》であったと言わねばならない。だが、何が名誉を形作っているかについては、残念なことに、はっきりと一般化したものは何一つ語られなかったのだ。ただ少数の賢明な武士だけが、名誉は境遇から生まれるものではなく、個人個人が役割をまっとうに果たすことにある、と知っていたに過ぎなかった。なぜなら、若者たちは平常、孟子から学んだことを行動の最中に、いとも簡単に忘れてしまうからである。孟子は「貴《たつと》きを欲するは人の同じき心なるも、人々己に貴き者あり、思わざるのみ。人の貴くする所の者は良貴《りようき》に非《あら》ざるなり。趙孟《ちようもう》の貴くする所は、趙孟能《よ》く之を賤《いや》しくす」（名誉を愛する心は誰でもみな同じである。だが真の名誉は己れ自身にあって、ほかにはないことを思う者はほとんどいない。人があたえる名誉は良い名誉ではない。趙孟が貴くした者は、趙孟に再び賤しくされる）といっていたのである。後で見るように、多くの武士はおよそ侮辱に対してはただちに怒り、死をもって報復した。

これに対して名誉は、たとえそれがただの見栄や世間の評判にすぎないようなものまでも、この世における最高の善として尊ばれた。それゆえに、サムライの若者にとって追求しなければならない目標は、知識や富ではなく、名誉を得ることだった。多くの若者は、わが家の敷居をまたぐとき、世に出て名を成すまでは、再びこれをまたがない、と自分の心に誓ったものである。また我が子に大きな望みを託した多くの母親は、息子が「錦《にしき》を飾る」との言葉通りになるまで、再会することを拒んだ。恥になることを免《まぬか》れ、名をあげるためなら、サムライの息子はいかなる貧困も、いかなる艱難辛苦《かんなんしんく》も、自分にあたえられた厳しい試練として耐えたのであった。彼らは、若年のころに勝ち得た名誉は、年齢とともに大きくなることを知っていたのである。

大坂攻めのとき、家康の若き息子（徳川頼宣《とくがわよりのぶ》）は先鋒《せんぽう》に加えてほしいと懇願したが、それが許されずに後陣に配された。そして敵の城が陥落したと聞くや、若き頼宣は悔し涙を流した。老臣の一人（松平右衛門大夫正綱《まつだいらうえもんのたいふまさつな》）が慰《なぐさ》めようとして、「若君はまだお若いので、この後、何度も戦《いくさ》はありまする。お嘆きになることはありますまい」といった。すると頼宣は険しい顔で老臣を睨《にら》みつけ、「やあ右衛門、頼宣が十四歳のときはもう二度とないのだ」と言ったという。

もし、名誉と名声が得られるのであれば、サムライにとって生命は安いものだと思われた。そのため生命より大事だと思われる事態が起これば、彼らはいつでも静かに、その場で一命を棄てることもいとわなかったのである。

生命の犠牲を払っても惜しくないとする事態とは何か。それが忠義というものである。忠義こそは封建制の諸道徳を結びつけ、均整の取れたアーチとする要石《かなめいし》であった。

第九章

忠義——武士は何のために生きるか

私たち日本人が抱く忠義の観念は、
他の国ではほとんど
その賛成者を得られないだろう。
それは他のいかなる国も
到達できなかった高さまで
日本人が発達させたからである。

封建道徳の多くの徳目は、別の倫理体系や異なった階級の人々とも共有しているが、忠義という徳、すなわち主君に対する服従や忠誠の義務だけは、独立した特色を示している。私は個人的な忠誠が、あらゆる種類の人々や境遇においても存在する道徳的な結びつきであることを承知している。スリの一味であるフェイギン（小説『オリバー・ツイスト』の中の人物）のような親分にさえ忠誠を捧げている。だが、忠誠心が最高に重んじられたのは、武士道の名誉の掟《おきて》においてのみである。

ヘーゲル（ドイツの哲学者）は、封建制の臣下の忠誠が、国家に対してではなく個人に向けられたものであったことから、そのような義務は不当な原理の上に成り立つ絆《きずな》であると批判した。[注一]にもかかわらず、彼と同国であるビスマルクは、個人に対する忠誠心がドイツ人の美徳であることを誇りとした。彼がそうみなしたことには十分な理由があった。なぜなら、彼が誇りとした「忠義（Treue《トロイエ》）」は祖国、あるいは一国家、一民族の専有物であるからではなく、騎士道における好もしい果実が、もっとも長くまで残されていたからである。

「万民の平等」を唱え、これにアイルランド人が付け加えたように「同時に、誰よりも優れている」と思っているアメリカでは、私たち日本人が主君に対して感じるような気高い忠義の観念については、「一定の範囲内においては優れたもの」であるが、わが国民が奨励したように甚だしいのは不合理だと思うであろう。

モンテスキューはかつて、「ピレネー山脈のこちら側では正しくとも、向こう側では誤りとなる」と嘆いたが、最近のドレフュス事件[訳注一]では、彼の言葉が正しかったことが証明された。フランスの正義が通用する国境はピレネー山脈のみではなかったのである。これと同様に、私たち日本人が抱く忠義の観念は、他の国ではほとんどその賛成者を得られないだろう。それは私たちの観念が間違っているからではなく、いまや他の国では忠義が忘れ去られていたり、他のいかなる国も到達できなかった高さまで日本人が発達させたからである。

グリフィス（アメリカの教育者）は、「中国では孔子《こうし》の道徳が親への服従を人間の第一の義務としたのに対して、日本では忠義が第一に置かれた」と述べたが[注二]、まさにその通りである。もしかしたら、善良なる読者には衝撃をあたえるかも知れないが、シェークスピアがいったように「落ちぶれた主君に仕えて苦難をともにし」、それによって「物語に名を残した」一人の忠臣についての話をしよう。

それはわが国の有名な歴史上の人物である、菅原道真《すがわらのみちざね》にまつわる話（『菅原伝授《でんじゅ》手習鑑《てならいかがみ》』）である。

道真は嫉妬と中傷の犠牲となって京の都を追放された。だが、無慈悲なる彼の敵はこれだけでは満足せず、さらにその一族をも根絶やしにしようとたくらんだ。そして、まだいたいけな道真の子どもを厳しく探索し、かつて道真の家臣であった武《たけ》部源蔵《べげんぞう》の寺子屋に匿《かくま》われていることを探り出した。

敵方は源蔵に、この幼い罪人の首を定められた日に引き渡すよう厳命した。そのとき源蔵が考えついたことは、その子の身代わりを見つけるということだった。源蔵は寺子屋の入門帳を開いて思案し、通ってくる幼童たちを注意深く吟味した。だが、田舎育ちの子どもたちの中には、誰一人として若君に似ている子はいなかった。

だが、その絶望もほんのひとときであった。というのも、見よ！　年格好《としかっこう》も若君と同じくらいで整った顔立ちの子どもが、上品な物腰の母親に伴われて、寺子屋へ入門して来たのだ。

若君と新しい入門者とがよく似ていることは、その母親とその子自身も気づいていた。源蔵の目のふれぬ所で、母子はみずからを神仏の祭壇にささげる決意をした。息子はその命を、母親はその心を。だが二人はそんな素振りは露《つゆ》ほども見せなかった。

源蔵は、二人の間で何が行われているかも知らずに、身代わりのことを考えていた。そして、その子を見て、ここに贖罪《しょくざい》の山羊《やぎ》が決まったのだった。

この物語の後半は手短かに述べよう。

さて、定められた日に、若君の首を確かめ、受け取るための役人（松王丸《まつおうまる》）がやって来た。役人は果たしてその首が偽物と気づくだろうか。哀れなる源蔵は、もしこのたくらみが露見したならば刀を持って斬りかかるか、自害しようと、柄《つか》に手をかけていた。役人は前に置かれた身の毛もよだつ物体を取り上げ、特徴を一つ一つ静かに吟味した。そして、おごそかな声で、その首がホンモノだと告げた。

その晩――。誰もいない家で、寺子屋で見たあの母が何かを待っていた。その母親はわが子の運命を知っているのであろうか。表戸が開くのを息を凝《こ》らして母親が待っているのは、わが子の帰りではなかった。

彼女の舅《しゅうと》は長く道真公の恩顧を受けていたのだが、道真公の追放の後、彼女の夫はやむを得ない事情があって、かつての主君の敵側に仕えていた。されども夫はいまの主君にも不忠を働くことはできなかった。そこで彼の息子を祖父の恩人に報いるため役立てたのであった。そして皮肉にも、流人《るにん》の家族と顔見知りであるとの理由から、若君の首実検《くびじっけん》をする役目を命じられたのである。

その一日の、いやその生涯にとって、もっとも辛い役目を終えて夫が帰ってきた。そして、敷居をまたぐや否《いな》や、妻に呼びかけて言った。

「喜べ、われらが愛しき息子は立派にお役に立ったぞ！」

「なんと残酷な物語！」と読者の叫びが聞こえてくるようだ。「他人の子どもの命を救うために、何の罪もない自分たちの息子を犠牲にするとは！」

だが、しかし、この子は承知の上で、みずから進んで犠牲になったのである。これは身代わりとして死ぬ物語であり、『旧約聖書』に出てくるアブラハムがイサクを犠牲にしたような話と同じぐらい意義深いもので、それ以上に嫌悪すべきものではない。どちらの場合も、義務の命じるところの従順、天から下された声に絶対的な服従をしたにすぎないのである。ただ、伝えた声の主が目に見えるか否か、あるいは聞いた耳が外の耳か内の耳かという違いがあるだけだが、私の説教は差し控えておこう。

▼武士道は個人よりも公を重んじる

武士道では、
個人より国家が先に存在すると考えた。
つまり個人は国家を担うための
構成員として生まれたと見ている。
だからこそ、個人は国家のため、
あるいはその合法的権威のために生き、
かつ死なねばならないと考えたのである。

西洋の個人主義は、父と子、夫と妻に対して別々の利害を認めている。そのために一方が他方に対して負っている義務はいちじるしく軽減する。しかし、武士道においては、一族や家族の利害は一体不可分である。武士道はこの利害を愛情、すなわち本能にもとづく抵抗できない愛の絆で結びつけた。したがって、もし私たちが動物でさえ持っている自然愛によって、愛する者のために死ぬとしても、それが何であろうか。「自分を愛してくれる人を愛したところで、何の報いを受けるだろう。徴税人でも、同じことをしているではないか」とキリストもいっている。

頼山陽《らいさんよう》はその大著『日本外史』の中で、父清盛が法皇に対して反逆したとき、その子重盛の苦衷《くちゅう》を「忠ならんと欲すれば孝ならず、孝ならんと欲すれば忠ならず」と感動的に書いている。哀れなるかな重盛！　私たちは後に重盛が、慈悲ある天が彼に死をあたえ、純潔と正義が住み難いこの世から解き放ってくれるよう、全霊を傾けて祈る姿を見るのである。

これまでも重盛のような多くの人々が、義理と人情の板挟みになって心を引き裂かれてきた。実際のところ、シェークスピアにも『旧約聖書』にも、わが日本で子が親を敬う「孝」という概念に相当する適切な言葉は見あたらない。だが、わが武士道では、このような板挟みの場合、ためらうことなく忠義を選んだ。母親もわが子に、主君のためにすべてを犠牲にするよう促した。武士の妻はウィンダム（英国王の家臣）の未亡人とその高名な夫にも劣らぬほど、決然と、忠義のために息子を差し出す覚悟ができていたのである。

武士道では、アリストテレスや何人かの現代社会学者のように、個人より国家が先に存在すると考えた。つまり個人は国家を担うための構成員として生まれたと見ている。だからこそ、個人は国家のため、あるいはその合法的権威のために生き、かつ死なねばならないと考えたのである。『クリトン』の読者は、ソクラテスが自分の逃走の問題について、アテネの法律を代弁して、自分自身と論争した議論を思い出すだろう。

ソクラテスは国家あるいは法律にこう言わせている。「おまえはわが下に生まれ、養われ、かつ教育も受けたのに、おまえもおまえの祖先も、私の子でも従者でもないと、あえて言うのか？」と。これらの言葉は私たち日本人が聞いても、何ら異常は感じられない。それは同じことを武士道が昔から口にしてきたからである。ただし、日本人の場合は法と国家が唯一の人格に相当した、という相違があるが。要するに忠義とは、このような政治理論から生まれた道徳なのである。

スペンサーの見解によれば、政治的服従、すなわち忠義は、過渡的な機能をあたえられたに過ぎないことになる。注三 私もこの見解を知らないわけではない。おそらくそうだろう。一日の徳は、その一日だけで十分である。私たちは満ち足りた思いでそれを一日一日繰り返すだろう。とくに私たち日本人にとってその日というのは長い期間である。「さざれ石の巌《いわお》となりて、苔《こけ》のむすまで」というわが国の国歌の一節を信じているように。

これに関連して、私たちはイギリス人のように民主的な国民でさえ、ブートミーが最近述べているように、「一人の人間とその子孫に対する個人的な忠誠の感情は、彼らの祖先であるゲルマン人がその首領に対して抱いたものであるが、それが多少なりとも伝わって、彼らの君主の血統に対する深い忠誠心となり、王室への異常な愛着となってあらわれている」ことを思い出す。スペンサーは予言した。政治的に服従することは個人的良心の命令する服従に取って代わられるだろう、と。彼の推論がいつか現実のものになるとしても、忠義とそれに伴う尊敬の本能は、果たして永久に消え失せてしまうのだろうか？

私たちはその忠誠心を、一人の主君から別の主君へ、そのどちらにも不誠実にならないように移す。その時、私たちはこの世の権力をにぎる統治者の臣下であることから、心の奥底に着座する王の下僕《げぼく》となるのである。

数年前、ひどく馬鹿げた論争がスペンサーの心得違いの信奉者たちによって始められ、日本の読書界を揺るがせたことがあった。ある者は皇位への不可分の忠義を熱心に求めるあまり、キリスト教徒がイエスに忠誠を誓っているという事実は、大逆の傾向があると非難した。彼らは修辞学者《ソフィスト》の機知もたずにソフィスト的詭弁《きべん》を弄《ろう》し、スコラ学徒の実証性もなしにスコラ的学説を並べたてた。彼らは「一方に親しんで他方を憎むことなく、二人の主人に仕える」ことができるのを知らなかったのだ。つまり「カエサルのものはカエサルへ。神のものは神へ」ということをである。

ソクラテスは彼の「鬼神《ダモン》」に対してただの一点も譲歩することなく、同様の忠誠と冷静さをもって地上の王者、すなわち国家の命令に服したではないか。彼は生きては自分の良心に従い、死しては国家に自己を捧げたのである。国家がその人民の個々の良心に対して、命令するまでに強大となる日こそ悲しむべきである！

▼主君への忠誠は「良心の奴隷化」ではない

君主と臣下が意見の分かれるとき、家来の取るべき忠義は、あらゆる可能な手段を尽くして、主君の過ちを正すことである。

もし、その事がうまくいかないときは、武士は自分の血をもって己の言葉の誠実を示し、主君の叡智《えいち》と良心に最後の訴えをするのだった。

武士道は私たちの良心が主君の奴隷になることなど要求しなかった。トーマス・モブレー（英国の詩人）の次の詩は、まさに私たちの気持ちを代弁している。

畏《おそ》るべき君よ、わが身は御許《みもと》に捧ぐ、
わが生命は君の命のままなり、
わが恥はしからず。
生命を棄つるは我が義務なり、
されど死すとも墓に生くるわが芳しき名を、
暗き不名誉の用に供するを得ず。

己の良心を主君の気まぐれや酔狂、あるいは道楽の犠牲にする者には、武士道はきわめて低い評価しかあたえなかった。そのような者は無節操なごますりで機嫌をとる「佞臣《ねいしん》」、あるいは奴隷のような卑屈な追従《ついしょう》で主君に気に入られる「寵臣《ちょうしん》」として軽蔑された。この二種類の家臣はイアーゴ（シェークスピアの『オセロ』の登場人物）が描く像とぴったりと一致する。その一人は自分の卑しい屈従に目がなく、あたかも主人のロバのように、自分の一生を無駄に過ごす下卑《げび》たる下僕である。もう一人は義務に忠実な振りをしながら、心の中では自分のことばかり考えている利己的な卑怯者《ひきょうもの》である。君主と臣下が意見の分かれるとき、家来の取るべき忠義は、ケント公（『リア王』の登場人物）がリア王を諫《いさ》めたように、あらゆる可能な手段を尽くして、主君の過ちを正すことである。もし、その事がうまくいかないときは、武士は自分の血をもって己の言葉の誠実を示し、主君の叡智《えいち》と良心に最後の訴えをするのが、極めて普通のやり方だった。

わが生命は主君に仕えるための手段と考え、それを遂行する名誉こそ理想の姿であったのだ。サムライの教育と訓練はすべて、これに従って行われたのである。

（注一）『歴史哲学』（シブリー英訳）第四編第二部第一章。
（注二）『日本の宗教』。
（注三）『倫理学原理』第一巻第二部第十章。

（訳注一）ユダヤ系のフランス軍将校ドレフュス大尉が、スパイ活動を行ったとして終身刑に処せられた時、真犯人が他にいるにもかかわらず、軍の威信と反ユダヤ感情などのため、彼の無実を認めようとしなかった事件。国を二分して争う大事件となった。

ピレネー山脈はフランスとスペインの国境をなす。

第十章

武士はどのように教育されたのか

武士道の枠組みを支える
三つの柱は「智」「仁」「勇」とされ、
それはすなわち
「知恵」「仁愛」「勇気」を意味した。

武士の教育において第一に重んじられたのは、品格の形成であった。思慮、知識、雄弁などの知的才能はそれほど重要視されなかった。

武士の教育に美的な価値が重要な役割を占めていたことは既に述べた。知性は教養人として欠かせないものであったが、武士の教育の本質からいえば付随的なものだった。知能が優秀なことはむろん尊ばれたが、知性を表すのに用いられる「知」という漢字は、主として「叡智《えいち》」を意味し、単なる知識は従属的な地位しかあたえられなかったのである。

武士道の枠組みを支える三つの柱は「智」「仁」「勇」とされ、それはすなわち「知恵」「仁愛」「勇気」を意味した。サムライは本質的には行動の人である。そのため学問はサムライの行動範囲の外におかれた。サムライは武士としての職分に関係することのみ学問を利用した。宗教と神学は僧侶や神官にまかされ、サムライはそれらが勇気を養うのに役立つ場合に限って必要としたのだ。あるイギリスの詩人がいったように、サムライは「人間を救うのは教義ではない、教義を正当化するものは人間である」と信じていた。また哲学（儒学）と文学は武士の知的訓練の主要な部分を形成していたが、これらの学問でさえ、追求されたのは客観的事実ではなかった。文学は暇をまぎらす娯楽として求められ、哲学は軍事問題や政治問題の解明のためでなければ、あとは品格を形成する実践的な助けになるものとして学ばれた。

以上述べたことから、武士道の教育科目が、主として剣術、弓術、柔術もしくは「やわら」、乗馬、槍術、戦略戦術、書道、道徳、文学、歴史などだったとしても、驚くに値しないだろう。これらのうち柔術と書道については多少の説明がいる。書が優秀なことは大いに重んじられたが、それは日本の文字が絵画的性質をもっており、それ自体が芸術的な価値があったからであろう。また、書体はその人の人柄を表すものと信じられていたからである。さらに柔術[注一]を簡単に定義すると、攻撃や防御のための解剖学的知識を応用するということになる。柔術は筋力に頼らない、という点で相撲とは異なる。また、いかなる武器も使わないという点で、ほかの攻撃方法とも異なる。その技は、相手の身体の一部をつかんだり、叩いたりして、相手を気絶もしくは抵抗できないようにするものである。その目的は敵を殺すことではなく、一時的に行動できなくさせることである。

▼「富は智恵を妨げる」が武士の信条

武士道が倹約の徳を説いたのは事実である。だがそれは経済的な理由からではなく、むしろ節制の訓練のためだった。

軍事教育において当然あるべきなのに、武士道の教育ではあえて外《はず》されていたものが数学であった。だが、これは封建時代の戦闘が科学的な正確さをもって戦われなかったという事実により、一応の説明がつくであろう。そればかりか、サムライの教育全体から見ても、数学的概念を育てることは芳しくなかったのである。

武士道は損得勘定を考えず、むしろ貧困を誇る。武士道にあっては、ヴェンティディウス（シェークスピア劇の登場人物）がいうように、「武人の徳である功名心は、名を汚す利益よりも、むしろ損失を選ぶ」ものだった。かのドン・キホーテは黄金や領土よりも、彼の錆《さ》びついた槍とやせこけたロバを誇りとした。そしてわがサムライは、この誇大妄想に取りつかれたラ・マンチャの騎士に、心から同情するのである。

武士は金銭そのものを忌《い》み嫌う。金儲けや蓄財を賤《いや》しむ。武士にとってそれは真に汚れた利益だったからだ。時代の廃退を嘆く決まり文句は「文臣銭を愛し、武臣命を惜しむ」というものである。黄金や生命を惜しむ者は非難の的となり、これらを惜しみなく投げ出す者こそ賞賛された。よく知られた格言にも「何よりも金銭を惜しんではならない。富は智恵を妨げる」というのがある。したがって武士の子は、経済のことはまったく無縁に育てられた。経済のことを口にすることは下品とされ、金銭の価値を知らないことはむしろ育ちのよい証拠だった。

もちろん数学の知識は、軍勢を集め、恩賞や知行《ちぎょう》を分配する際には必要だった。それでも金銭の勘定は身分の低い者に任された。多くの藩でも藩の財政は下級武士や僧侶が管理した。思慮深い武士は誰もが軍資金の意義を十分に知っていたが、それでも金銭の価値を徳にまで高めようとは考えなかった。

武士道が倹約の徳を説いたのは事実である。だがそれは経済的な理由からではなく、むしろ節制の訓練のためだった。贅沢《ぜいたく》は人間を堕落させる最大の敵と見なされ、生活を簡素化することこそ武士階級の慣《なら》わしであった。それゆえに多くの藩では倹約令が施行されたのだ。

書物によれば、古代ローマでは収税吏や財政担当の役人が次第に武士の位にまで昇進し、その結果、国家は彼らの職務や金銭そのものの重要性を高く評価するようになった。だが、そのことが古代ローマ人の贅沢や貪欲《どんよく》に、どれほど密接に結びついたことか。わが武士道では決してそういうことはなかった。サムライは一貫して金勘定は卑しいもの、すなわち道徳的な職務や知的職務にくらべれば卑賤《ひせん》なもの、として考えたのであった。

このように金銭や貪欲さを嫌ったことで、武士道を信奉するサムライたちは金銭から生じる無数の悪徳から免《まぬか》れたのである。わが国の役人が長い間、腐敗から遠ざかっていたのは、ひとえにこのお陰である。だが、悲しいかな、現代においては、なんと急速に金権腐敗政治がはびこっていることか！

彼らサムライは
逆境にも屈することのない、
高邁《こうまい》な精神の厳粛なる化身《けしん》であり、
あらゆる学問の目指すところの
体現者であった。

頭脳の訓練は現在、主として数学によって行われるが、かつては文学の解釈や道義論を戦わすことによってなされた。前述したように、若者を教育する主たる目的は品格を高めることだったから、抽象的な問題が青少年の頭を悩ませることは滅多になかった。単に博学というだけでは尊敬に値しなかったのだ。

ベーコン（英国の哲学者）が唱えた学問における三つの効用、すなわち「快楽」「装飾」「能力」のうち、武士道は最後の能力に優先権をあたえた。そして、その能力は「判断と実務処理」を目的として用いたのである。公務の処理にせよ、克己《こっき》の訓練のためであるにせよ、教育は実践的な目的をもって行われた。孔子《こうし》はいっている。「学んで思わざればすなわちくらし、思うて学ばざればすなわちあやうし」と。

教える者が、知性ではなく品格を、頭脳ではなく魂を、ともに磨き発達させる素材として選んだとき、教師の仕事は神聖なる性質をおびる。「私を生んだのは親である。私を人たらしめるのは教師である」との思いで、教育が行われていたとき、教師の受けた尊敬はきわめて高かった。このような信頼と尊敬を若者から寄せられる教師は、当然のことだが人より優れた人格を持ち、学識にも恵まれていなければならなかった。師は父なき者には父であり、迷える者には助言者であった。「父母は天地のごとく、師君《しくん》は日月《じつげつ》のごとし」と格言でもいうではないか。

どんな仕事に対しても報酬を払う今日のやり方は、武士道の信奉者の間では広まらなかった。なぜなら、武士道は無報酬、無償であるところに仕事の価値があると信じていたからだ。精神的な価値にかかわる仕事は、僧侶にしろ、教師にしろ、その報酬は金銀で支払われるべきものではなかった。それは価値がないからではなく、金銭では計れない価値があったからである。この点においては、武士道の数学では計算できない名誉を重んじる精神は、近代経済学以上に真実の教訓を人々に教えていたのである。すなわち、賃金や俸給というのは、その仕事の結果が明確で、具体的に計測可能な場合にしか支払うことはできない。これに対して、教育における最良の仕事、あえていえば魂の育成（この場合は僧侶の働きも含まれる）などは、明確でも具体的でも計測可能でもない。計測できないものに対して、外面的な価値で計る金銭を用いることは不適当である、としたのである。

もっとも一年の折々の季節に、弟子が師に金品を贈るという習慣は認められていた。だが、これとて支払うのではなく、感謝の気持ちを表す〝献《ささ》げ物〟であった。むろん、これらの献げ物は喜ばれた。なぜなら彼らは通常、厳格さと清貧を誇り、労働するにもあまりにも威厳があり、人から物をもらうには自尊心が強すぎる、そんな人々であったからだ。

だが、彼らサムライは逆境にも屈することのない、高邁《こうまい》な精神の厳粛なる化身《けしん》であり、あらゆる学問の目指すところの体現者であった。別言するなら、鍛錬につぐ鍛錬によって完成された、克己に生きる模範であったのである。この克己心こそすべてのサムライに求められた武士の教育の根幹だったといえる。

（注一）英語語法でよく誤ってジウジツと綴られているのと同じ言葉。穏やかな武芸である。「武器を用いない」。

第十一章

克己——自分に克つ

サムライにとって
すぐに感情を顔に出すのは
男らしくないとされた。
日本人にとって落ち着いた行動、
静かなる心は、
いかなる情熱によっても
乱されることがあってはならなかった。

武士道は、一方において不平不満をいわない忍耐と不屈の精神を養い、他方においては他者の楽しみや平穏を損なわないために、自分の苦しみや悲しみを外面に表さないという、礼を重んじた。この二つが一つになってストイックな心を育《はぐく》み、ついには国民全体が禁欲主義者的な性格を形成した。しかしながら私は、この禁欲主義は外面的なものだと思っている。なぜなら、本当の禁欲主義は国民全体を特徴づけるものにはなりえないからである。

とはいえ、日本人の習慣や習俗のあるものは、外国人から見て冷酷に映るものがあるやも知れないが、実際のところ、私たちは世界に住むどの民族にも劣らぬ優しい感情をもっている国民なのである。

ある意味では、私たち日本人はほかの民族よりもはるかに多くの、まさに何倍も物事に感じやすい性質をもっていると、私は確信している。というのも、自然に発する感情を抑えようとすること自体が、苦しみを伴っているからである。

想像してみるがよい。少年、そして少女も、自分の感情を抑えきれずに涙を流したり、苦しみのうめきを外に表さないように教育された場合、このような努力は彼らの神経を鈍くしてしまうのだろうか、それとも一層、敏感にするのだろうか。これは生理学上の問題である。

サムライにとってすぐに感情を顔に出すのは男らしくないとされた。「喜怒を色に表さず」というのは立派な人物を評するときに使われる常套句《じょうとうく》である。そこではもっとも自然な愛情も抑制された。父親が息子を抱くのは、威厳を損なうことだと考えられた。あるいは夫は妻に、自室ならともかく、人前ではキスをしなかった。ある機知に富んだ青年が、「アメリカ人の夫は、人前では妻にキスするが私室では打つ。しかし日本人の夫は、人前で妻を打って、私室ではキスをする」といったが、この比喩《ひゆ》には一面の真実があるだろう。

日本人にとって落ち着いた行動、静かなる心は、いかなる情熱によっても乱されることがあってはならなかった。私は、ついこの前の中国との戦争（日清戦争）の際、ある町から連隊が出征したときのことを思い出す。その日、駅には隊長や兵士たちを見送るための大勢の人が集まっていた。この場に駆けつけていたアメリカ人は、さぞや別れの情景は騒々《そうぞう》しいものになるだろうと想像していた。当時、日本中が初めての対外戦争ということもあって興奮状態にあったし、群衆の中には兵士の両親や妻や恋人もいたからである。だが、このアメリカ人は予想がはずれてがっかりした。なぜなら、発車の合図の汽笛が鳴り、列車が動き出すと、何千人もの人々は静かに帽子をとって、うやうやしく頭を垂《た》れて挨拶をしたに過ぎなかったからである。ハンカチを振る人もなく、言葉を発する者もなく、静寂の中をとぎれとぎれに聞こえてくる、かすかなすすり泣きがあっただけだった。

家庭生活においても同様のことが見られる。親としての弱さを示す振る舞いを見られぬようにと、一晩中病気のわが子の寝息を、ふすまの陰に隠れて聞いていた父親を私は知っている。またある母親は、自分の臨終のときでさえ、息子の勉強の妨げになるからといって、呼び戻すのを断ったという例を知っている。日本人の歴史や日々の生活は、プルターク（古代ローマのギリシャ人著述家）のもっとも感動的な場面にも劣らない英雄的な母親の例に満ちあふれているのだ。イアン・マクラレン（スコットランドの作家）は日本の農民の母親の中に、多くのマーゲット・ホウ（マクラレン作品中の賢母）を見出すにちがいない。

日本人は、
自分の性格の弱点を厳しく突かれたときでも、
常に笑顔を絶やさないという傾向がある。
日本人にとっての笑いは、
逆境によって乱された
心の平衡を取り戻そうとする努力を、
うまく隠す役目を果たしているからである。

日本のキリスト教会において熱狂的な信仰復興運動がみられないのも、同じくこの克己《こっき》のための鍛錬で説明することができる。男でも女でも魂が揺さぶられたとき、日本人は本能的に、そのことが外へ表れるのを静かに抑えようとする。誠実に熱弁を振るうことはあっても、抑えきれない衝動から雄弁になるというのは希《まれ》である。霊的な体験を軽々しく口にするよう奨励することは、モーゼの第三戒（「汝《なんじ》の神ヤハウェの名をみだりに口にあぐべからず」）を破るように促すことだ。もっとも神聖な言葉や、もっとも秘められた思いを、雑多な聴衆に向かって語られるのを聞くことは、日本人には耳障りなことなのである。

ある若いサムライはその日記にこう記している。「汝の魂の土壌が微妙なる思想をもって動くのを感じるか。それは種子の芽生えるときである。言語をもってこれを妨げず、ただ静かにそっと、その働きに任せよ」と。

心の奥底にある思想や感情、とりわけ宗教的な感情を饒舌《じょうぜつ》に述べることは、私たち日本人にとっては、それらの思想や感情がたいして深遠でもなく、また誠実でもないことの表れと受け取られるのだ。よく聞く諺《ことわざ》にも「口開けて腸《はらわた》見する石榴《ざくろ》かな」というのがある。

感動が生じた瞬間、それを隠すために口を押さえるのは、決して東洋人が天《あま》の邪《じゃ》鬼《く》だからではない。かのフランス人（政治家のタレーラン）が定義したように、日本人にとって言語はしばしば「思想を隠す技術」なのである。

もし、あなたが不幸のどん底にある日本の友人を訪ねたとしよう。それでも友人は真っ赤な目と濡れた頬《ほお》を見せながらも、いつものように笑って迎えるであろう。初めあなたは友人が狂っていると思うかもしれない。だが、あえて事態の話をさせると、いくつかの次のような決まり文句が断片的に漏《も》れてくるであろう。「人生愁《うれ》い多し」とか、「会う者は必ず別れる」とか、「命ある者は必ず滅ぶ」とか、「死んだ子の齢を数えるのは愚痴、されど女心は愚痴にふける」などなど。あの高貴なホーエンツォレルン家（ドイツの王家）の一人が言った「つぶやかずして耐えることを学べ」という箴言《しんげん》が語られる前から、日本人の多くはこれに共鳴する心を持ち合わせていたのである。

確かに日本人は、自分の性格の弱点を厳しく突かれたときでも、常に笑顔を絶やさないという傾向がある。日本人の笑いについては、デモクリトス（古代ギリシャの哲学者）その人にも優る、もっともな理由があると私は思っている。というのも日本人にとっての笑いは、逆境によって乱された心の平衡を取り戻そうとする努力を、うまく隠す役目を果たしているからである。つまり笑いは悲しみや怒りとのバランスをとるためのものなのだ。

こうした感情の抑制を常に強要されるために、日本人はその安全弁に詩歌を求めた。十世紀のある歌人（紀貫之《きのつらゆき》）は、「日本でも中国でも、人は悲しみに突き動かされたとき、そのつらさを詩歌に綴《つづ》る」と書いている。たとえば、先だった子どもがいつもトンボ採りに出かけて留守なのだと想像することで、自分の心を慰めようとした母親（加賀千代女《かがのちよじょ》）は、

蜻蛉《とんぼ》つり　今日はどこまで　行ったやら

という歌を詠んでいる。

だが、もうこれ以上例を挙げるのをよそう。一滴一滴血を吐くように絞り出された価値ある首飾りへとつながれた思想を、たとえ私が外国語で翻訳できたとしても、日本文学の真珠のような真価を正しく伝えることは不可能だからである。私が望むところは、時には冷淡、時にはヒステリックに混じり合った笑いと落胆の様相を見せる、日本人の心の内が少しでも説明し得たとすれば、それでよいと思っている。

どんなに高尚な徳にも、
その反面があり、偽物が存在する。
私たちはそれぞれの徳の中に、
それ自体のすぐれた美点を認め、
その絶対的な理想を
追求しなければならない。

▼克己の理想は心を平静に保つこと

私たち日本人が苦痛に耐え、死を怖れないのは、神経の細やかさが欠けているからだと言われてきた。その限りにおいてはありそうなことである。しかしそれならば、なぜ私たちの神経は、それほど張りつめていないのか。日本の気候風土がアメリカほど刺激的でないことも一因かもしれない。あるいは日本の君主制がフランスの共和制ほど国民を興奮させないからかもしれない。私たちがイギリス人ほど熱心にカーライルの『衣服哲学』を読まないからかもしれない。だが、私個人としては、日本人が非常に激しやすく、感じやすいために、常に自制を意識し、強制する必要があったからだと思うのである。しかし、どのような説明をしたところで、長い年月における克己の鍛錬を考慮に入れなければ、どれも正しい説明とはいえないだろう。

克己の鍛錬はときとして度を過ごしやすい。それは魂の溌剌《はつらつ》たる流れを押さえつけることもあるし、本来の素直な性質を無理やり、ゆがんだものにすることもある。頑固さを生んだり、偽善者を育てたり、愛情を鈍らせることもある。どんなに高尚な徳にも、その反面があり、偽物が存在する。私たちはそれぞれの徳の中に、それ自体のすぐれた美点を認め、その絶対的な理想を追求しなければならない。そして克己の理想とは、日本人の表現でいえば、常に心を平静に保つことである。あるいはギリシャ語の表現を借りるならば、デモクリトスが最高善と呼んだ「エウテミア」（内心の平安）の状態に達することである。

次の章で私は、自殺と復讐の制度を考察するが、その前者において克己は極致に達成され、もっとも見事に示されている。

第十二章

切腹と敵討ち

——命をかけた義の実践

切腹《せっぷく》という死に方は、
私たち日本人の心には、もっとも気高い行為、
あるいはもっとも感動的な
悲しみの儀式を連想させる。
身体の中でとくにこの部分を選んで切るのは、
そこに魂と愛情が宿るという
昔からの解剖学的な信念に基づくものだからである。

▼魂は腹に宿るという思想

「腹切り」と「敵討《かたきう》ち」として知られる二つの制度については、多くの外国人著述者がかなり詳細に述べている。

まず自殺から取りあげるが、私の考察は俗に「腹切り」もしくは「切腹」と呼ばれ、腹を切って自殺する方法に限定して触れることにする。

「腹を切る？　なんと馬鹿げたことか！」

この言葉をはじめて聞く人は、そう叫ぶだろう。外国人の耳には最初は奇妙に聞こえるだろうが、シェークスピアを読んだ人なら、それほど驚かないはずである。ブルータスにこう言わせているからだ。「汝《なんじ》（カエサル）の魂魄《こんぱく》あらわれ、わが剣を逆さにしてわが腹を刺さしめる」と。

あるいは近代のイギリスの詩人（サー・エドウィン・アーノルド）は『アジアの光』という作品の中で、女王の腹に突き刺さった剣について語っているが、誰もこれを品の悪い英語とか、慎みを欠いたものなどと言って非難してはいない。さらには別の例として、ジェノヴァのパラッツォにあるゲェルチーノ（イタリアの画家）が描いた「カトーの死」の絵を見てみよう。アディソン（英国の詩人）がカトー

（古代ローマの政治家）に詠《うた》わせている辞世の詩を読んだ人なら、誰もカトーの腹に半分突き刺さった剣を嘲笑《ちょうしょう》などしないだろう。この切腹という死に方は、私たち日本人の心には、もっとも気高い行為、あるいはもっとも感動的な悲しみの儀式を連想させる。したがって、日本人の切腹《せっぷく》という考え方には、なんらの嫌悪感も、ましてや嘲笑されることなどいっさいないのである。徳や偉大さや優しさなどの多様さには驚くべきものがあり、もっとも惨《むご》い死に方でさえ崇高さを覚え、新しい生命の象徴にさえなるのである。さもなければ、コンスタンティヌス大帝が見た「十字架」が世界を征服することはなかったであろう。

切腹が私たち日本人にとっていささかも不合理とは感じられないのは、外国にもこれを連想させる例があるから、という理由だけではない。身体の中でとくにこの部分を選んで切るのは、そこに魂と愛情が宿るという昔からの解剖学的な信念に基づくものだからである。

モーゼは『旧約聖書』で「ヨセフその弟のために腸《はらわた》焚《や》くるがごとく」と述べ、ダビデは主《しゅ》にその腸（あわれみ）を忘れないようにと祈り、イザヤ、エレミア、そして昔の霊感を受けた人々も、腸が「鳴る」もしくは「いたむ」と言った。これらはいずれも腹部に霊魂が宿るという、日本人の間で広く信じられてきた信仰と共通している。

セム族は、肝臓と腎臓、およびその周りの脂肪が感情と生命が宿るところだと、常に言っていた。「腹」という語はギリシャ語の「フレーン（phren）」や「テューモス（thumos）」よりも意味は広いが、日本人もギリシャ人と同じように、人間の魂はこのあたりに宿ると考えていたのだ。このような考え方はなにも古代の人々に限られているわけではない。フランスの優れた哲学者の一人であるデカルトが「魂は松果腺《しょうかせん》にあり」と提唱したにもかかわらず、そのフランス人たちは解剖学的には漠然としているが、生理学的には意味の明瞭な「ventre《ヴァントル》（腹部）」という語を、今日でも「勇気」の意味で使っている。同様に、「entraille《アントレイユ》（腹部）」というフランス語は愛情や思いやりを意味する。

このような信仰は単なる迷信ではなく、心臓を感情の中枢とする一般的な考えよりも科学的である。日本人は修道士に聞くまでもなく、「この臭骸《しゅうがい》のいずれの醜き部分に人の名が宿るのか」といったロミオ（『ロミオとジュリエット』の登場人物）より知っていたのだ。近代の神経学者は「腹部の脳」「下腹部の脳」と呼んで、その部分に存在する交感神経中枢が精神作用によってきわめて強い刺激を受けることを説いている。この精神生理学の見解が認められるならば、切腹の論理はたやすく組み立てることができる。となれば、時としてサムライが言い放つ、「私は己れの魂が宿るところを開いて、その状態をお見せする。それが汚れているか、潔白であるか、とくと貴方の目で確かめよ」という台詞《せりふ》もうなずけよう。

だからといって、私が宗教的にも道徳的にも自殺の正当性を認めていると、誤解しないでもらいたい。だが、名誉を何よりも重んじるサムライにとっては、これだけでみずからの生命を棄てるに十分な理由であったのである。

名誉が失われたとき、死ぬことは救い
死は不名誉からの確かな隠れ家《かくが》

と、ガース（英国の詩人）が歌った感慨に、どれだけ多くのサムライが微笑みながら、その魂を永遠の眠りにつかせたことか！

サムライの切腹は

法制度としての一つの儀式だった。

武士がみずからの罪を償《つぐな》い、

過ちを詫《わ》び、不名誉を免《まぬか》れ、朋《ほう》友《ゆう》を救い、

己の誠を証明するための

方法だったのである。

武士道において名誉にかかわる死は、多くの複雑な問題を解決する鍵として受け入れられた。そのため大望を抱くサムライは、畳の上で死ぬことを恥とした。あえていえば私は、多くの善良なキリスト教徒が十分に正直でさえあれば、カトー、ブルータス、ペトロニウス（古代ローマの作家）、その他多くの古代の偉人たちが地上における生命をみずから消し去った崇高な態度に対して、積極的な賞賛を贈らないまでも、魅力を感じることを告白するのではないか、と思っている。

哲学者の始祖ソクラテスの死も、ある面では自殺であったといえば、大胆すぎるだろうか。彼は逃げようとすれば逃げられた。にもかかわらず、彼はみずから進んで国家の命じるところに従った。しかも、彼はその国家の命令が道徳的に間違っていることを知っていながら、みずから毒杯をとって、その数滴を神に献じた様子は、彼の弟子たちによって詳しく伝えられている。私は、このソクラテスの態度から推測して、彼には明らかに自殺の意志があったと見ているのである。この場合、通常の処刑のように、肉体的な強制はなかった。だが裁判官たちの評決が強制的だったのは事実である。それは「汝死すべし。汝自身の手によって」というものだった。もし自殺というものが、自分自身の手によって死ぬということであるのなら、ソクラテスの場合は明らかに自殺である。しかし、だからといって、彼にその罪を着せる者は誰もいないであろう。自殺を忌《い》み嫌ったプラトンは、決して自分の師を自殺した者と呼ぼうとはしなかったが……。

すでに読者は、切腹が単なる自殺の一手段でない、ということを理解されたであろう。それどころか、サムライの切腹は法制度としての一つの儀式だった。中世に発明された切腹は、武士がみずからの罪を償《つぐな》い、過ちを詫び、不名誉を免《まぬか》れ、朋友《ほうゆう》を救い、己の誠を証明するための方法だったのである。法律上の処罰として切腹が命じられるときは、荘厳なる儀式をもって執り行われた。それは洗練された自殺であり、冷静な心と沈着なる振る舞いを極めた者でなければ実行できなかった。それゆえに、切腹は武士にふさわしいものであったのだ。

徳川家康は大胆にも
自分の命を狙った若者の勇気を誉め、
彼らに名誉ある死を許すことを命じた。
こうした場合、
一族の男子はみな処刑される
掟《おきて》になっていた。

ここで私は好古的な好奇心も手伝って、もはや廃絶したこの儀式を描写したくなった。だが、このことは、はるかに優れた著述者によってすでに描かれている。幸いその本は現在あまり読まれていないので、そこから長めの引用をしてみよう。その本はミットフォード（英国の外交官）によって書かれた『旧日本の物語』というものだ。彼はその中で日本の珍しい文書から「切腹」に関する論文を翻訳し、さらに自分自身が目撃した処刑の例を次のように記述している。

《われわれ（七人の外国使節）は日本の検視役に案内されて、その寺院の本堂へと招かれた。ここで切腹の儀式が行われることになっていた。それは目を見張るような光景だった。広い本堂の高い屋根は黒ずんだ柱で支えられていた。天井からは仏教寺院に特有の巨大な金色に輝く灯籠《とうろう》や、いろいろな飾りが垂れ下がっていた。正面の一段高い祭壇の前には、床から三、四寸ほど高くなっている座が設けられ、そこには美しい白い畳が敷かれ、その上に赤い毛氈《もうせん》が拡げてあった。ほどよき間隔に置かれた高い燭台《しょくだい》からは、ぼんやりした神秘的な光が放たれ、ここで執り行われることを見るには十分な明るさだった。七人の日本人検視役が高座の左側、われわれ七人は右側に座った。その他には誰もいなかった。

不安と緊張のうちに数分が経ち、やがて三十二歳の気品ある偉丈夫、滝善三郎《たきぜんざぶろう》が静かに本堂へと入ってきた。彼は礼装姿の麻の裃《かみしも》を着けていた。一人の介錯人《かいしやく》と、金糸の刺繡《ししゅう》のついた「陣羽織《じんばおり》」を着用した三人の役人が彼に付き添った。

介錯という言葉は英語の処刑人という語とは違う、ということを知っておく必要がある。その役目は立派な身分のある者が務める。たいていの場合は切腹を命じられた一族か友人によって行われる。両者の関係は受刑者と処刑人というより、主役と介添え役の関係である。このときの介錯人は滝善三郎の弟子であった。多くの友人の中から剣術の腕前を見込まれて選ばれたのだ。

やがて滝善三郎は介錯人を左に従え、ゆっくりと検視役のほうへと進み出た。二人は検視役に向かって丁重に一礼し、ついでわれわれのほうに近づいて、同じように丁重な挨拶をした。どちらの検視役もおごそかに答礼した。そして、この咎人《とがびと》は威風堂々といった感じで高座に上がり、祭壇の前で二度礼拝すると、それを背にして赤い毛氈の上に正座した。介錯人は彼の左側にうずくまった。そのとき三人の付き添い役の一人が、三宝《さんぽう》（神仏にお供え物をするときに使われる台）を持って前に進み出た。その三宝には白紙で包まれた「脇差し」が載せられていた。脇差しとは日本の短刀または匕首《あいくち》のことで、長さは九寸半、その切っ先は剃刀《かみそり》のように鋭い。付き添い役は一礼して、この三宝を咎人に渡した。善三郎はうやうやしく三宝を受け取ると、両手で頭の高さまで押し戴《いただ》いて自分の前に置いた。

再度、深々と礼をしたあと、滝善三郎は次のような口上を述べた。その声は痛ましい告白をする人の感情とためらいが表れていたが、その顔や物腰には微塵《みじん》もそのような素振りを見せなかった。

「拙者はただ一人、無分別にもあやまって、神戸で外国人への発砲を命じ、外国人が逃げようとするところを、再び命じた。拙者いま、その罪を負いて切腹いたす。ご列席の方々には、検視の御役目御苦労に存じ候」

そういうと再度、一礼して、善三郎は裃を帯のあたりまでするりと脱ぎ、上半身を裸にした。慣例に従って、念入りに両袖を膝の下へ敷き、後方へ倒れないようにした。身分のある立派な武士は、前向きに死ぬものとされていたからである。善三郎はしっかりした手つきで、目の前に置かれた短刀を慎重に取りあげ、さもいとおしげにこれを眺めた。それは、しばし最後の覚悟に思いを馳《は》せているかのように見えた。

次の瞬間、善三郎は短刀で左の腹下に深く突き刺し、ゆっくりと右へ引いた。さらに今度は刃先の向きをかえてやや上に切り上げた。このすさまじい苦痛をともなう動作の間、彼は顔の表情ひとつ動かさなかった。そして短刀を抜き、身体を少しばかり前方に傾け首を差し出したとき、初めて苦痛の表情が彼の顔をよぎった。が、声はまったく立てなかった。そのとき、咎人のかたわらに身を屈《かが》め、事の次第を終始見守っていた介錯人が立ち上がり、一瞬、白刃の刃が空を舞ったかと思うと重たい鈍い響きとともに、どさっと倒れる音がして、首は胴体から切り離された。

堂内、水を打ったような静寂。目前のもはや動かない肉塊から血潮の吹き出る忌まわしい音だけが、静寂を破っていた。一瞬前までは勇者にして礼儀正しい武士の無惨にかわり果てた姿だった。それは身の毛もよだつような光景だった。

介錯人は低く一礼し、用意していた白紙で刀の血を拭《ぬぐ》うと、切腹の場から降りた。血塗られた短刀は、処刑の証拠としておごそかに運び去られた。やがて「ミカド」の役人の二人の検視役が座を離れ、われわれが座っているところへ近づき、滝善三郎の処刑の儀式がとどこおりなく遂行されたことを検分あれ、と申し述べた。儀式はこれにて終わり、われわれは寺を去った》

切腹の描写に関しては、わが国の文学作品や目撃した人の話からいくらでも引用することはできるが、いま一つの例を挙げれば十分だろう。

左近《さこん》と内記《ないき》という二人の兄弟がいた。兄は二十四歳、弟は十七歳だった。二人は父の仇を討つために徳川家康を狙っていた。だが無念にも家康の陣屋に忍び込んだところを捕らえられた。家康は大胆にも自分の命を狙った若者の勇気を誉め、彼らに名誉ある死を許すことを命じた。こうした場合、一族の男子はみな処刑される掟《おきて》になっていたため、末弟であるわずか八歳の八麿《はちまろ》も運命をともにした。そして、三人は処刑の場となっていた寺へ引き立てられた。その場に居合わせたある医師が一部始終を日記に残しているので、そこからその場面を引用したい。

《最期《さいご》の時を迎えた三人が並んで座ると、左近は末の弟に向かって言った。「まず八磨から腹を切りなさい。切り損じのないよう兄が見届けてくれよう」。すると幼い八麿は、自分はまだ切腹を見たことがないので、兄たちの作法を見てから続きたい、と答えた。二人の兄弟は涙ながら微笑んで、「弟よ！　よくぞ申した。それでこそわれらが父の子ぞ」といった。

そこで二人は末弟を間に座らせると、左近は短刀を自分の左腹に突き刺した。「見よ、弟よ！　わかったか。あまり短刀を深く押し込みすぎるな。後ろに倒れたら無様《ぶざま》だ。前にうつ伏せ、ひざを崩すな」。内記も同様に腹を切りながら言った。「目をカッと見開け。さもないと女の死に顔のようになる。切っ先が腸に触れるとも、力尽きようとも、勇気を奮って倍の力で掻《か》き切れ」。八麿は二人の兄を交互に見た。そして二人が果てると、八麿は静かに上体を露呈し、両側の兄から教わった手本通りに切腹した》

真の名誉とは、
天の命じることを
やり遂《と》げるところにあり、
それを遂行するために招いた死は
けっして不名誉なことではない。
だが天があたえようとしているものを
避けるための死は、まさに卑怯《ひきょう》である。

切腹が名誉と崇《あが》められると、当然のことながら、その乱用を生んだ。あまり正当とは認められない理由や、まったく死に値しない事態でも、血気にはやる若者たちは、まるで飛んで火にいる虫のように死に急いだ。混乱、かつ不明な動機によって、尼寺へ駆け込む尼僧よりも多くのサムライたちが、この行為に駆り立てられた。いきおい生命の値段は安かった。それは世間から名誉の代価と見られていたので、いっそう軽んじられた。

もっとも悲しむべきことは、名誉にも打算がつきまとったことである。それには常に純金ではなく、質の悪い合金が混ざっていたのである。ダンテ『神曲』の「地獄編」で、自殺者を全員入れた第七圏よりも、日本人の切腹者は多かったであろう。

とはいえ、真のサムライにとって、いたずらに死に急いだり死を憧れることは、等しく卑怯とみなされた。たとえば一人の典型的な武士（山中鹿之介《やまなかしかのすけ》）は、敗戦につぐ敗戦で、山野を彷徨《ほうこう》し、森から洞窟《どうくつ》へと追い立てられた。そしてついに刀は欠け、弓は折れ、矢は尽き、気がつけば一人薄暗い木立の陰で飢えていた。こうした場合、あのもっとも高貴なローマ人（ブルータス）さえみずからその刃に倒れたはずである。だが、このサムライはここにおよんでも死ぬことは卑怯と考え、キリスト教の殉教者にも似た不屈の精神で、即興の歌を詠み、みずからを奮い立たせたのだ。

憂きことのなほこの上に積もれかし
限りある身の力ためさん

この気概こそが武士道の教えであった。すなわち、あらゆる艱難辛苦《かんなんしんく》に、忍耐と正しき良心をもって立ち向かい、耐えよ、ということである。それはまさに孟子《もうし》が説いた、「天が人に大任をあたえようとするとき、まずその心を苦しめ、その筋骨をさいなみ、餓えを知らせ、その人が行おうとしていることを混乱させる。かくして、天は人の心を刺激し、性質を鍛え、その非力を補う」のである（レッグ博士の訳による）。

真の名誉とは、天の命じることをやり遂《と》げるところにあり、それを遂行するために招いた死はけっして不名誉なことではない。だが天があたえようとしているものを避けるための死は、まさに卑怯《ひきょう》である。サー・トーマス・ブラウン（英国の医師）の風変わりな著書『医道宗教』に、武士道が繰り返し説いていることとまったく同じことが述べてある。それを引用しよう。すなわち「死を軽蔑するのは勇敢な行為である。だが生きることが死ぬことよりつらい場合、まことの勇気はあえて生きることである」と言っている。あるいはまた十七世紀のある高名な僧（天海和尚《てんかいおしょう》）は皮肉を込めて、「普段、いくらうまいことを言っていても、死んだことのない侍は、まさかのときには逃げ隠れするものだ」といい、さらには「心の中で一度死んだ者は、真田《さなだ》（幸村《ゆきむら》）の槍も（源《みなもとの》）為朝《ためとも》の矢も通らないものだ」といっている。

これらの言葉は、私たち日本人を、「わたしのために命を失う者は、それを得る」と教えた偉大なるイエスの教会の入口に、なんと近づけていることか。これらはキリスト教徒と異教徒との違いをより大きくしようとする試みにもかかわらず、人類の道徳的な一致を確信させるに役立つ多数の例の、ほんの二、三にすぎないのである。

以上述べてきたように、武士道の自殺の制度は、その乱用が一見して私たちを驚かすほどには、不合理でも野蛮でもないことを理解していただけたであろう。

▼敵討ちにおける正義の平衡感覚

復讐《ふくしゅう》が正当化されるのは、
目上の人や恩義のある人のために
行われる場合のみであった。
自分自身や妻子に加えられた害は、
個人的なこととしてひたすら耐え忍び、
許さなければならなかった。

さて、そこで次には、この制度と姉妹関係ともいえる「敵討ち」、または「復讐」と呼んでもよいが、この制度の中に果たして美点があるかどうかを見てみよう。

私はこの問題については数語で片づけられるのではないかと思っている。というのも、似たような制度、もしくは習慣は、あらゆる民族の間で広く行われ、いまだ完全には廃《すた》れていないからである。それは決闘やリンチといったものが後を絶たないことからも明らかである。最近でもあるアメリカ人将校が、ドレフュスの仇討《あだう》ちをしようと、真犯人のエステラージ（フランスの将校）に決闘を挑んだではないか。

結婚という制度のない未開の部族間では姦通《かんつう》は罪ではなく、恋人の嫉妬《しっと》のみが女性を不倫から守る。それと同じように、刑事裁判のない時代には殺人は罪ではなく、被害者の身内による油断ならない復讐だけが社会の秩序を維持したのである。「この世でいちばん美しいものは何か」とエジプト神話のオシリスはホルスに尋ねた。答えは「親の敵を取ること」だった。日本人はこれに「主君の仇」を付け加えただろう。

復讐にはどこか人の正義感を満足させる何かがある。復讐者の理屈はこうである。

「私の善良な父が死ぬいわれはまったくなかった。父を殺した者は大きな悪事を働いたのだ。もし父が生きていたら、このような行為をけっして許しはしないだろう。天もまた悪事を憎む。悪を行う者にその行為をやめさせることは父の意志であり、天の意志でもある。その悪人は私の手によって裁かなければならない。なぜなら、彼は私の父の血を流し、その父の肉であり血である私こそが、父を殺した者に血を流させねばならないからだ。私と彼とはともに天を戴《いただ》くことはできない」

この理屈は単純で子供じみている、といえるかも知れない。だがハムレットでさえ、これ以上の深い理由があったわけではなかった。そのことはよく知られている通りだ。この考えの中には人間が生来持っている正確な平衡感覚と平等な正義感が示されている。「目には目を、歯には歯を」の理屈である。

私たちの復讐感覚は、数学の能力のように正確であり、等式の両方の項が満たされるまでは、何かやり残した感じを払拭《ふっしょく》できないのである。

嫉妬深い神を信じるユダヤ教や、復讐の女神を生んだギリシャ神話では、復讐は人間を超えた存在にゆだねられるかもしれない。だが、武士道は生来の常識に支えられ、一種の道徳的均衡を維持するための〝道徳法廷〟として、敵討ちの制度を作らしめたのだ。そこでは、普通の法律では裁くことのできない事件を訴えることができたのである。四十七士の主君（浅野内匠頭《あさのたくみのかみ》）は死罪を宣告されたが、控訴できる高等裁判所がなかった。そこで主君への忠義にあふれた家臣たちは、唯一存在していた最高裁判所、すなわち復讐の手段に訴えたのである。

そして彼らはその結果、今度は普通法によって裁きをうけた。その審判は有罪であった。だが、一般大衆の本能は別の判決を下したのだ。それはサムライの中でも最高の位にある「義士」という称号である。だからこそ、彼ら四十七士の記憶は現在に至るまで、泉岳寺《せんがくじ》にある彼らの墓とともに、いまなお清浄たる香気を放っているのである。

老子は「怨《うら》みに報いるには徳を以てす」と教えた。だが、「正義をもって怨みに報いるべき」と説いた孔子《こうし》のほうが、はるかに多くの者に支持された。ただし、復讐が正当化されるのは、目上の人や恩義のある人のために行われる場合のみであった。自分自身や妻子に加えられた害は、個人的なこととしてひたすら耐え忍び、許さなければならなかった。したがってサムライは、祖国の仇を討とうとするハンニバル（カルタゴの将軍）の誓いには心から共感したが、ジェームス・ハミルトン（スコットランドの政治家）がその妻の墓から、一つかみの土を自分の帯に入れ、それを摂政マリに対して妻の仇を討つための、永久の励みにしたということは軽蔑するのである。

正当に行われる切腹の場合には、
狂信も狂気も、
ましてや興奮など、いっさいない。
切腹をやり遂げるには、
極限までの冷静さが必要だった。

▼切腹に必要なのは極限までの平静さ

とはいえ、切腹と敵討ちという両制度は、近代刑法の発布のもとに、その存在理由《レーゾン・デートル》を失った。今日では、美しい娘が身をやつして親の敵を追い求めるといった人情話を聞くことはもはやない。近親者の間で行われた復讐の悲劇も目にすることはなくなった。宮本武蔵の武者修行もすでに昔のことである。規律正しい警察が被害者のために犯人を探し出し、法律が正義をもって裁いてくれる。人々に正義感が満ちれば「敵討ち」の制度など必要ではなくなり、国家と社会全体が不法・不正を正すのである。もしこれがニューイングランドのある神学者が述べたように、敵討ちが「犠牲者の生き血で満たされることを望む心の餓え」を意味するのなら、刑法の数個条によってこれほど完全になくなりはしなかったであろう。

「切腹」についても、同様に法律上は存在しなくなった。だが、私たちはいまでも時折、それが行われていることを聞く。そして私たちの過去の記憶が続く限り、今後も耳にするであろう。自殺願望者は世界中に恐るべき速さで増加しており、苦痛もなく、手間のかからない自殺の方法がはやるのではないか、と懸念する。

しかしモルセリ教授に教えてあげたいことは、自殺のいろいろな方法の中でも、切腹には貴族的な地位をあたえなければならないだろうということだ。というのも教授は「苦痛にみちた方法、あるいは長時間の苦悶《くもん》をともなって自殺が行われるとき、その九十九パーセントまでが狂信か狂気、あるいは病的興奮による精神錯乱《さくらん》の結果と認められる」[注一]と主張しているが、正当に行われる切腹の場合には、前述したように狂信も狂気も、ましてや興奮など、いっさいないからである。切腹をやり遂げるには、極限までの冷静さが必要だったからである。ストラハン博士[注二]は自殺を二種類に分類し、「合理的もしくは擬似的自殺」と「非合理的もしくは真正の自殺」といっているが、切腹はまさしく前者のよい見本であるといえる。

これらの血なまぐさい制度からも、または武士道の一般的な傾向からしても、刀が社会の規律や生活にとって重要な役割を果たしたことは容易に推察できるであろう。だからこそ、刀は「武士の魂」という金言にまでなったのである。

（注一）モルセリ著『自殺論』三一四ページ。

（注二）『自殺と狂気』。

第十三章

刀——武士の魂

腰に差した刀は、
心中に抱く忠義と名誉の象徴であった。
刀に対するいかなる無礼も
その持ち主に対する侮辱《ぶじょく》とみなされ、
床に置かれた刀を
うっかり跨《また》いだだけでも、責められた。

武士道にとって刀は魂と武勇の象徴であった。マホメットは「剣は天国の鍵でもあれば、地獄の鍵でもある」と宣言したが、その言葉は日本人の感情の反映にすぎなかった。

サムライの子は、ごく幼いころから刀を振ることを習った。五歳になると武士の正装を身につけさせられ、碁盤の上に立たされて、それまで遊んでいた玩具のかわりに本物の刀を腰に差すことを許された。これによりサムライの仲間入りを認められたのだ。その日はその子の忘れられぬ記念日となった。

この「武門の入り」の儀式がとり行われた後は、その子はサムライのしるしである刀を携《たずさ》えることなく屋敷の外へ出かけることはなかった。だが普段は、そのほとんどを銀塗りの木刀で代用した。ほどなくその子は、鈍刀とはいえ本物の刀を差すようになる。偽刀は捨てられ、新しく得た刀よりも鋭い喜びを表し、外へ出て、木や石を相手にその切れ味を試すようになるのだった。

十五歳で元服し、独り立ちの行動を許されると、彼はいまやどんな働きにも耐えうる鋭利な刀を所持することに誇りを覚えた。危険な武器を持つ、ということが彼に自尊心と責任感をあたえたのである。「伊達に刀は差さぬ」——腰に差した刀は、彼がその心中に抱く忠義と名誉の象徴であった。

大小二本の刀は、それぞれ大刀と小刀、もしくは刀と脇差しと呼ばれ、いかなる時でも身辺から離れることはない。屋敷内では、書院か客間のもっとも目に付く場所に置かれ、夜は護身用として枕元に置かれた。刀はその持ち主のよき友として愛され、親しみを込めた名前がつけられた。そして敬愛の念が深まると、ほとんど崇拝の対象となったのである。

歴史学の父（ヘロドトス）は珍しい話として、スキタイ人が鉄製の三日月型の刀剣（偃月刀《えんげつとう》）に生け贄《にえ》を供えたことを記録している。同様に、日本の社寺や名家でも刀を尊崇《そんすう》の対象として秘蔵しているし、ありふれた短刀にさえそれ相応の敬意が払われた。それゆえ、刀に対するいかなる無礼もその持ち主に対する侮辱《ぶじょく》とみなされ、床に置かれた刀をうっかり跨《また》いだだけでも、責められた。

名刀には、完璧な芸術品というより、
芸術以上の何かが伝わってくる。
私たちに力と美、
畏敬《いけい》と恐怖の混在した感情を抱かせる。

▼日本の刀剣に吹き込まれた霊魂

これほど大事に扱われた貴重な品が、工芸家の関心や技巧を、あるいは持ち主の虚栄心を、黙って放っておくはずがなかった。とくに刀が司教の笏《しゃくじょう》杖か王様の笏のような役目しか持たなくなった太平の世はそうであった。刀は装飾品になっていった。柄《つか》には鮫皮《さめがわ》と極上の絹巻き、鍔《つば》には金銀、鞘《さや》にはさまざまな漆塗《うるしぬ》りが用いられ、この恐ろしい凶器から恐怖を半分取り除いていった。だが、これらの装飾の数々は、刀身そのものから見れば玩具にすぎなかった。

刀鍛冶《かたなかじ》は単なる職人ではなく、霊感を受けた芸術家であり、その仕事場は聖なる場所であった。彼らは毎日、神仏に祈り、身を清めてから仕事にかかった。いわゆる「その心魂気迫を打って錬鉄錬冶《れんてつれんや》した」のである。槌《つち》を振るい、水につけ、砥《と》石《いし》で研《みが》く、その一つ一つの動作が厳粛な宗教的な行為であった。

日本の刀剣が鬼気迫る魔力をおびるのは、この刀鍛冶たちの霊魂が吹き込まれたのか、それとも彼が祈った神仏の霊気が宿ったからであるのか。トレドやダマスカスの剣よりも優る名刀には、完璧な芸術品というより、芸術以上の何かが伝わってくる。冷たく光る刀身は、抜けばたちまち大気中の蒸気を表面に集めるが、それは一点の曇りもない清冽《せいれつ》な肌合いを持ち、たぐいなき刃には歴史と未来が秘められている。そり返った細身の背は、精妙と優雅さと最大の強度を一つに結ぶ。これらのすべてが私たちに力と美、畏敬《いけい》と恐怖の混在した感情を抱かせるのである。

もし刀剣が美と喜びだけの工芸品であったならば、その役目も無害であっただろう。だがそれは常に手を伸ばせば届くところにあったので、乱用への誘惑、すなわち斬りたいとの衝動にかられることも、けっして少なくはなかった。それゆえか、業物《わざもの》刃はあまりにも多く平和な鞘から抜け出した。乱用の極致は新しく手に入れた業物の試し切りとして、罪もない人の首をはねることであった。しかしながら、私たちがもっとも強い関心を寄せるのは、武士道は刀をみだりに使用することを認めていたのか、ということである。その答えは断じて「否《ノー》」だったのである。

よく知られる格言に
「負けるが勝ち」というものがある。
真の勝利は乱暴な敵に
むやみに対抗しないという意味だ。
武士道の究極の理想は平和である。

▼武士道の究極の理想

武士道は適切正当な刀の使い方を重要視すると同時に、その誤った使用には厳しい非難を向け、それを嫌悪した。必要もないのに刀を振りまわす者は卑怯者《ひきょうもの》とか臆病者《おくびょうもの》といって蔑《さげす》まれた。冷静なる人物は当然、刀を使うべき時と所をわきまえていた。そして、そのような機会は実際のところ、希《まれ》にしかやってこなかった。

勝海舟《かつかいしゅう》は、わが国の歴史上きわめて物情騒然たる時代をくぐり抜けてきた人である。当時は、暗殺や自殺など血なまぐさい事件が日常的に起きていた。彼はそんな旧幕時代の一時期、ほとんど独裁的な権限を委《ゆだ》ねられていた。そのため再三、暗殺の標的にされた。だが、一度も自分の剣を血で濡らすことはなかった。後に彼はその特徴である独特の江戸弁で、友人（巌本善次《いわもとよしはる》）に当時のことをこう語っている。

「私は人を殺すのが、大嫌いで、一人でも殺したものはないよ。みンな逃して、殺すべきものでも、マアマアと言って放って置いた。それは河上彦斎《かわかみげんさい》が教えてくれた。『あなたは、そう人を殺しなさらぬが、それはいけません。唐茄子《とうなす》でも、茄子でも、あんたは取ってお上んなさるだろう。あいつらは、そンなものです』と言った。それは、ひどい奴だったよ。しかし、河上は殺されたよ。己《おれ》は殺されなかったのは、無辜《むこ》を殺さなかった故かも知れんよ。刀でも、ひどく丈夫に結《ゆ》わえて、決して抜けないようにしてあった。人に斬られても、こちらは斬らぬという覚悟だった。ナニ、蚤《のみ》や虱《しらみ》だと思えばいいのサ。肩につかまって、チクリチクリと刺しても、ただ痒《かゆ》いだけだ。生命には関わりはしないよ」（『海舟座談』）

これが艱難《かんなん》と勝利の燃えさかる激動の中で、武士道の教育を受けた者の言葉である。よく知られる格言に「負けるが勝ち」というものがある。真の勝利は乱暴な敵にむやみに対抗しないという意味だ。また「最善の勝利は血を流さずに得た勝利である」とも言われ、ほかにも類似した格言がある。要するにこれらの格言は、武士道の究極の理想は平和であることを意味している。

このような崇高な理想がもっぱら僧侶や道徳家の説教に委《ゆだ》ねられ、サムライが武芸の稽古《けいこ》や訓練だけを奨励したのは、まことに残念なことである。その結果、サムライたちは女性の理想像すらアマゾネス（ギリシャ神話の好戦的女人族）的であれ、と願ったのだ。ここで女性の教育と地位という問題にふれておくことも有益であろう。

第十四章

武家の女性に求められた理想

女性は自分の主君を持たなかったので、
自分の身を護《まも》る術を会得《えとく》し、
夫たちが主君の身を護るのと
同じくらいの熱意で、
わが身と潔白を護ったのである。

人類の半分を占める女性は、ときには矛盾の典型とも呼ばれるが、それは女性の心の直感的な働きが、男性の「数理的な理解力」の範疇《はんちゅう》をはるかに超えているからである。「神秘的」とか「不可知」を意味する「妙」という漢字は、「若い」という意味の「少」と、「女」という意味の二つの部分から成っている。ということは、女性の身体的魅力や繊細な思考が、男性の粗雑な心理では説明できないからである。

しかしながら、武士道が理想とする女性像には、神秘性などきわめて少なく、外見的な矛盾があるにすぎない。私は武士道の求める女性の理想像をアマゾネス的、すなわち勇猛果敢と前述したが、これは真実の半分しか言い得ていない。漢字では妻を箒《ほうき》を持った女として「婦」で表している。もちろん、その箒を振りまわして夫を攻撃したり防御するためではなく、魔法をかけるためでもない。それは箒が考案されたときの無害な使い方に基づいている。したがってこの言葉の観念は、英語で妻（wife）の語源が織り手（weaver）、娘（daughter）の語源が乳搾り（duhitar）に由来するように、漢字の「婦」の場合も、それに劣らず家庭的であったということである。

ドイツ皇帝（ウィルヘルム二世）は、女性の活動範囲を台所と教会と子育てにあるといったが、それらに限らなくとも、武士道が説く女性の理想像はきわめて家庭的だった。一見、この家庭的と勇猛果敢とは矛盾する関係にあるが、武士道では次に述べるように両立するのである。

そもそも武士道は、男性のためにつくられた教えであった。それゆえに武士道が女性に対して重んじた徳も、いわゆる女性らしさとかけ離れていたのはむしろ当然といえた。ヴィンケルマン（ドイツの美術史家）は、「ギリシャ芸術の至高の美は女性的というより男性的である」と評しているし、またレッキーはそれに加えて、ギリシャ人の道徳観にも芸術と同じことがあてはまると述べている。

武士道もまた、「女性の弱さから自らを解き放ち、もっとも強くて勇敢な男性にけっして劣らない英雄的な不屈の精神を示す」[注一]女性を称えた。そのために若い娘たちは、感情を抑制し、精神を鍛え、武器、とくに薙刀《なぎなた》という長柄《ながえ》の刀を扱って、不慮の事態から身を守れるように訓練された。しかし、この武芸修得の主な目的は戦場で用いるためではなく、自分自身と家庭を護るためであった。女性は自分の主君を持たなかったので、自分の身を護《まも》る術を会得《えとく》し、夫たちが主君の身を護るのと同じくらいの熱意で、わが身と潔白を護ったのである。この戦時のような武芸の訓練が家庭で役立つのは、後述するように息子の教育においてであった。

少女は成人に達すると、
「懐剣」と呼ばれる短刀をあたえられた。
自害の方法を
知らないということは
女性にとって恥とされた。

このような剣術などの訓練は、実戦に用いられることはほとんどなかった。だが、女性は習慣上、座っていることが多かったので、これによって健康のバランスを保つ役割を果たしたかも知れないが、むろん、これらの訓練は健康上の目的のためだけに行われたわけではない。イザというときには実際に役立ったのである。

少女は成人に達すると、「懐剣」と呼ばれる短刀をあたえられた。これは自分を襲う者の胸や、場合によっては自分の胸に突き刺すためのものであった。実際に後者の例はしばしば起きたが、しかしこのことは、自殺を憎むキリスト教徒の良心でさえ、彼女たちを責めることはないであろう。ペラギアとドミニナという二人の少女は、その純潔を守り、神の教えに敬虔《けいけん》だったことから自殺したが、聖者の列に加えられているのだから。

日本のヴァージニアたちは、自分の貞操が危機にさらされたときでも、父の剣を持とうとはしなかった。彼女たちは常に懐中にその短刀を忍ばせていたからだ。また、自害の方法を知らないということは女性にとって恥とされた。たとえ解剖学的なことを教えられなくとも、喉《のど》のどの部分を切るのか、正確に知っておかねばならなかった。また、死の苦しみがどんなに烈《はげ》しくとも、そのなきがらは見られても恥ずかしくないよう、整然とした姿勢を要求された。そのためには両膝を帯ひもでしっかりと縛る方法も熟知しておく必要があった。

このような身だしなみは、キリスト教徒のパペチュア、あるいはあの聖なる貞女コルネリアにも匹敵するのではないだろうか。私がこのような質問を唐突にするのは、江戸期における女性たちの入浴習慣やその他のささいな風聞《ふうぶん》に基づいて、日本人には貞操観念がないといった誤解を抱く者がいるからである。注二 実際のところは、まったく逆で、貞操はサムライの妻にとって命より大切ないちばんの徳目であった。

たとえばこんな話がある。あるうら若き女性が捕われの身となり、荒くれ者の手にかかって暴行されそうになった。このとき、この女性は男達に、戦《いくさ》で散り散りになった妹たちに手紙を書かせてくれるなら、この身を任せようといった。そしてその許しを受けて手紙を書き終えると、近くにあった井戸へ走り寄り、自らの名誉を守るために、身を投げたのである。残された手紙の結びには、次の歌がしるされてあった。

世にふればよしなき雲もおほふらん
いざ入りてまし山の端の月

日本文学における
もっとも美しい詩歌のいくつかは、
女性の情感を詠《うた》ったものである。
女性は日本の「純文学」史上、
重要な役割をはたしてきた。

男性的であることだけを、女性に対する日本人の最高の理想像だったと、もし私が読者に思わせたとしたら、それは公平さを欠くことになる。そのようなことは断じてなかったといってよい。

女性には芸事やしとやかな立ち居振る舞いが求められた。音楽、舞踊、読書をすることもたしなみの一つであった。日本文学におけるもっとも美しい詩歌のいくつかは、女性の情感を詠《うた》ったものである。実際、女性は日本の「純文学」史上、重要な役割をはたしてきたのである。

舞踊（武士の娘の踊りであって、芸者のではない）は、その立ち居振る舞いを美しくするためにのみ教えられた。音楽は父あるいは夫の憂《う》さを晴らすためのものであった。音楽を習うのはけっして、技巧や芸術そのもののためではなかった。究極の目的は心を清めることにあった。それは演じる者の心が平静でなければ、音の調和は得られないからである。すなわち、芸事は道徳的価値に常に付随しているものだという、前述した若者の教育で見られたものと同じ考え方がここにある。したがって音楽や舞踊は日常生活に優雅さと明るさがそなわれば、それで十分であって、けって己の見栄や贅沢《ぜいたく》を助長させるためのものではなかったのだ。

ペルシャの王子はロンドンの舞踏会に招かれて、ダンスに加わるように求められたとき、「わが国ではこの種の仕事をするための、特別な女の一団がいる」と憮然《ぶぜん》として答えたというが、私はこの王子に同情する。日本の女性の芸事も他人に見せたり、それによって世に出るためのものではなかった。あくまでも家庭の中での楽しみであり、たとえ社交の席で披露したとしても、それは女性たちの務めとして、客へのもてなしの一部であった。

女性教育の基本は
家を治めることに置かれた。
かつての日本女性の芸事は
武芸であれ、文学であれ、
大抵は家のためのものであった。

▼みずからを献身する生涯

女性教育の基本は家を治めることに置かれた。かつての日本女性の芸事は武芸であれ、文学であれ、大抵は家のためのものであった。どんなに遠く離れていようとも、彼女たちの脳裏《のうり》にはいつも炉辺《ろばた》があった。家の名誉を守り、健全さを保つために、彼女たちはせっせと働き、命を捧げることもいとわなかった。夜も昼も、気丈夫に働き、しかも優しく、そして勇ましくも悲しい調べで、彼女たちは小さな自分の巣に向かって歌い続けたのである。娘としては父のために、妻としては夫のために、そして母としては息子のために彼女たちは自分を犠牲にしたのだ。

このように彼女たちは、幼いときからみずからを献身するように教えられたので、その一生は独立したものではなく、常に従属的な奉仕の生涯であった。その存在が夫の助けとなるならば、妻は夫と同じ舞台に上がり、夫の仕事の妨げとなるならば、幕の後ろに退くのである。

一人の若者がある娘を愛し、娘もまた同じ思いを若者に返したとする。だが、もし自分を愛することで、若者が義務を怠っていることを知れば、娘は自分の魅力をなくすために、その手でみずからの美貌を傷つけることもあった。こうした例はけって珍しくなかったのである。

武士の子女にとって妻の鑑《かがみ》とされた「吾妻」は、自分の夫に陰謀を企む男から横恋慕されていることを知った時、彼女はその不義の情事になびくとみせかけて、暗闇の中で夫の身代わりとなって、その男が振り降ろす刃の犠牲になるのだった。

若き大名（木村重成《きむらしげなり》）の妻が自害する前に書いた次の手紙には、何の注釈もいらないだろう。

《同じ一樹の陰を求め、同じ一河の流れを汲む、これも多生の縁とのことでございますが、一昨年より夫婦となり、影に添うように生きてまいりましたことこそ、うれしく存じます。この度、主家のため、もはや最期の御一戦のお覚悟とのこと、陰ながらうれしく思っております。唐の項王《こうおう》と申す人は、世にも強き武将なれど、虞《ぐ》美人《びじん》のために名残《なごり》を惜しみ、あの勇猛なる木曽義仲《きそよしなか》殿も松殿《まつどの》の局《つぼね》との別れを惜しんで悲劇を招いた由《よし》、聞いております。さればこの世に望みなきわが身にて、せめて御身ご存命のうちに最期の覚悟をいたし、死出の道とやらにてお待ち申し上げております。どうかどうか秀頼公（豊臣秀頼）の多年にわたる海よりも深く山よりも高い、御恩をお忘れなきようお頼み申し上げます。妻より》

男性が主君の奴隷ではなかったように、
女性もまた男性の奴隷ではなかった。
妻たちが果たした役割は「内助」、
すなわち
「内側からの助け」として尊ばれた。

女性が夫や家、そして家族のために身を犠牲にするのは、男性が主君と国のために身を捨てることと同様、自分の意志に基づくものであって、それは名誉ある立派なこととされた。

自己否定――この境地なくして女性の人生における謎を解決することはできなかった。女が家庭に尽くすことは男が主君に忠義をつくすことと同じように、人生の最大の基本であった。

とはいえ、男性が主君の奴隷ではなかったように、女性もまた男性の奴隷ではなかった。妻たちが果たした役割は「内助」、すなわち「内側からの助け」として尊ばれた。妻は夫のために自分を捨て、夫は主君のために自分を捨てる。そして主君は天の命に従う奉仕者であった。

私はこの教えの弱点をよくわかっているつもりだ。キリスト教の優越性は、生きとし生ける者の誰もが、創造主に対して義務を負っている点にある。だが、それにもかかわらず、奉仕の精神――自分を犠牲にして高い目的に仕えるという精神であり、これこそキリスト教の最大の教えなのだが――これに関する限り、武士道は永遠の真理に基づいていたと言えるのではないか。

読者は、私が意志の奴隷的服従に賛成しているという不当な偏見をもっているなどと、よもや非難しないだろうと信ずる。私はヘーゲルが幅広い学識と深遠な思考によって主張し、かつ論じた見解、つまり歴史とは自由の発展と実現であるという見解をおおむね受け入れている。私が言いたいのは、武士道の教えには自己犠牲の精神が隅々まで行き渡り、その精神は女性のみならず、男性にも要求されていたということである。

あるアメリカの女性解放運動家が「すべての日本の婦女子は、古い習慣に反逆して立ち上がれ！」と叫んだが、この自己犠牲の教訓が完全になくならない限り、日本の社会はこうした軽はずみな考え方には賛成しないだろう。だいいち、そのような反対運動は成功するだろうか。あるいはそれによって女性の地位は向上するだろうか。そのような性急な運動でかち得た権利は、今日まで日本の女性たちが受け継いできた、あの愛らしい性質や、しとやかな物腰を失うことと引き合うものなのだろうか。なぜなら、古代ローマの女性たちが家庭を顧みなくなった後に、口にするのもおぞましい道徳的荒廃が起こったことは歴史が証明しているのだ。アメリカの改革論者は、日本の女性の反乱が、まことに歴史的発展のとるべき経路だと保証できるのであろうか。これらは重大な問題である。変化は、そのような反対運動がなくても起きるはずであり、また起こるであろう。

武士道には武士道としての
独自の基準があり、
女性は社会的
あるいは政治的な存在としては
重要視されなかったが、
妻や母としては、
最高の尊敬と愛情を受けたのである。

▼武士階級における女性の地位

それでは武士道が制度として存在していた時代、女性の地位は本当に反逆を正当化するほど最悪であったのかどうか、それを調べてみよう。

私たちはヨーロッパの騎士が「神と貴婦人」に払った表面的な敬意について、よく耳にする。だが、この二つの言葉の不調和はギボン（英国の歴史家）を赤面させ、さらにはハラム（英国の歴史家）に、「騎士道の道徳は淫《みだ》らであり、女性に対するバカ丁寧さは下心を含んだものであった」といわせている。か弱き女性に対して騎士道があたえた影響は、哲学者たちにとって多くの思索の糧《かて》をもたらした。

ギゾー（フランスの歴史家）は、封建制と騎士道は健全な影響をもたらしたと主張したが、これに対してスペンサーは軍事社会（軍事的でない封建社会はありえない）においては、女性の地位は必然的に低く、社会がより産業化されて初めてその地位は改善されると述べた。ギゾーとスペンサーと、日本ではどちらの理論が正しいのだろうか。この問題については両方とも正しいと断言できる。

日本の武士階級は約二百万人の武士に限られていた。その上に軍事貴族ともいうべき「大名」と、宮廷貴族である「公家《くげ》」がいたが、これらの身分の高い有閑《ゆうかん》貴族たちは名ばかりの武士だった。そして武士の下に農・工・商の一般の大衆がいて、平和的な仕事にいそしんでいた。したがってスペンサーが軍事社会の特徴として示したのは、もっぱら武士階級に限られていたといってよいだろう。

一方、産業社会の特徴はそれら上層と下層にあてはまった。このことは女性の地位をみるとよくわかる。というのも、女性の自由が制限されたのは武士階級だけだったからである。不思議なことに、社会階級が低くなればなるほど、たとえば職人の世界では、夫と妻の立場はより平等だった。また、もっとも身分の高い貴族の場合でも男と女の差異はあまり目立たなかった。その原因はおもに、有閑階級であった貴族たちが、文字通り女性化したので、性の差異を際だたせる機会がほとんどなかったからである。このようにスペンサーの学説は、かつての日本において十分に例証されるのである。またギゾーの説についていうと、彼の封建社会について述べた著書を読んだ人には、とくに高い身分についての考察であったことが思い当たるだろう。つまり「大名」と「公家」について適応するものである。

私の説明で、もし武士道における女性の地位がはなはだ低いとの印象をあたえたとするなら、私は歴史における真実をゆがめたことになる。女性が男性と対等に扱われなかったことは間違いないが、差異と不平等を区別することを学ばなければ、この問題には常に誤解がつきまとうだろう。

それは男性の場合でも同じで、互いが平等であるのは法廷や投票の場合などであって、きわめて限られた機会でしかなかった。このように考えると、両性の平等論で心を煩《わずら》わせるのは無駄に思えてくる。アメリカの独立宣言は、すべての人間は平等につくられていると謳《うた》っているが、それは人間の知能や肉体的能力に関していっているわけではない。かつてウルピアヌス（古代ローマの法律家）が「法の前では万人平等である」といったことを反復したにすぎない。つまり人間の平等の基準は、法律上の権利をいっているのである。

もし法律が女性の社会的地位を計る唯一の基準とするなら、女性の地位がどのあたりにあるのか説明するのは、体重を測るように簡単なことだろう。しかし問題はここにある。つまり両性の相対的な社会的地位を比較するときに、果たして正確な基準があるだろうか、ということだ。あるいは女性の地位を男性の地位とくらべて、銀と金の価値を比較するような、数字で示すようなやり方が正しいのだろうか。

このような測定方法では、人間の持つもっとも大切な価値、すなわち本来備わっている固有の価値が考慮に入らないことになってしまうのだ。男女それぞれは、この世における使命を果たすために多種多様な要素を備えている。そのことを考えると、男女の相対的な地位を計る際にとるべき基準は、複合的なものでなければならない。経済学上のことばを借りれば、それは「多元本位」でなければならないのである。

武士道には武士道としての独自の基準があり、それは「二項方式」であった。つまり女性の価値を戦場と家庭の両方で計ろうとした。むろん戦場での価値はなく、すべては家庭であった。女性にあたえられた待遇はこの二つの評価に対応していた。すなわち女性は社会的あるいは政治的な存在としては重要視されなかったが、妻や母としては、最高の尊敬と愛情を受けたのである。古代ローマ人のように、すこぶる軍事的な国民の間で、なぜ母親たちはあれほど尊敬されたのだろうか。それは彼女たちがマトローナ（matrona）つまり母親であったからではないのか。戦士や政治家としてでなく、母として、男達は彼女らの前に頭をさげたのである。このことは日本人とて同じであった。

父や夫が戦場へ出かけている間、家事一切を治めることは、母や妻の手に委ねられた。子どもたちの教育はむろんのこと、ときには家の防備も彼女たちに託された。先に述べた女性たちの武芸は、この子供らの教育を賢明におこなうためになされていたのだ。

生半可な知識しかない外国人の間では、次のような表面的な見方しかしない人がいるようだ。自分の妻を指すとき、日本語の表現としてはあたりまえである「愚妻」という言葉を、彼らは日本人の妻が軽蔑され、尊敬されていないからだという。だが、これに対しては「愚父」「豚児《とんじ》」「拙者」という言い方が現在でも使われていることを示せば、誤解をとくには十分だろう。

私は時として、日本人の結婚観は、いわゆるキリスト教徒よりもはるかに進んでいるのではないか、と思うことがある。聖書には「二人は一体となる」とある。だがアングロ・サクソンの個人主義では、夫と妻とは別々の人格であるという観念から抜けきれない。そのため夫婦で争うときは、二人それぞれ別の「権利」が認められ、仲良いときは、馬鹿げた愛称や意味のないお世辞を数かぎりなく並べ立てる。夫もしくは妻が第三者に向かって、自分の配偶者のことを、よき妻であれ悪い妻であれ、愛らしいとか賢いとか、優しいなどと語るのを聞くと、私たち日本人にはひどく耳障りに響く。ましてや自分のことを「聡明な私」とか「愛らしい私」などと語るのは、果たしてよい趣味といえるだろうか。

私たち日本人は、自分の妻を誉めることは自分を誉めることだと考える。だから自画自賛は日本人にとっては礼儀を知らない者として映る。キリスト教を信奉する国民においても、そうあって欲しいと私は思うのだ。長々と横道にそれたのは、自分の配偶者をけなして呼ぶことは、けっして礼を欠いているからではなく、むしろ他人に対する礼儀上の習慣であり、武士道ではそれが当然だったと訴えたかったのである。

武士道においては家臣と主君という関係こそ、基本的な関係だった。

チュートン人は、女性への迷信的ともいうべき畏敬《いけい》をもって、その種族生活を始めた（ドイツではもはや消えつつあるが）。アメリカ人は女性の数が絶対的に不足していることを痛感しながら、その社会生活を営んだ[注三]（今では女性の数が増えて、植民地時代の母親たちが享受した特権を急速に失いつつあるが）。つまり西洋文明においては、男性が女性に対してはらう尊敬が、その道徳の主たる基準となったのである。

しかし、武士道の武の道徳においては、善悪を見分ける基準は別のところに求められた。それは、人間を己の崇高な魂と結びつけ、そしてこの本の初めの章で述べた「五倫の道」によって他の人の魂と結びつくという義務の道理によって決められたのだ。この五倫を語る中で、私はすでに忠義、すなわち男同士の臣下と主君との関係については触れたが、それ以外の間柄については、折に触れて付随的にあつかっただけであった。というのも、武士道においては家臣と主君という関係こそ、基本的な関係だったからである。

それに対してそれ以外の関係は、自然の感情に基づくものであって、すべての人類の人間関係に共通するものであった。だが、いくつかの点では武士道の教訓によって、増幅されたものもあったかも知れない。

この点に関しては、男同士の友情にみられる特別な強さと優しさが思い出される。それは男と女が青年時代に別々に育てられるといった状況によって、一段と増幅し、神秘的ともとれる感情でしばしば兄弟愛の絆を生み出すことになった。西洋の騎士道においては、あるいはアングロ・サクソン諸国の自由恋愛においては、男女間の情愛の高まりはごく自然なことだったが――。ギリシャ神話のダモンとピシアス、あるいはアキレスとパトロクロスの物語の日本版を示すことは枚挙に暇《いとま》がないし、ダビデとヨナタンを結びつけていた絆さえ、武士道の逸話で語ることができる。

武士道の独自の徳目や教訓は、武士階級だけに限られたことではなかったが、このことは驚くには値しない。それを受けて、武士道が日本人全体にあたえた影響を、次に考察してみよう。

（注一）レッキー『ヨーロッパ道徳史』第二巻三八三ページ。

（注二）裸体と入浴についての理解ある説明はフィンク『日本の蓮の花時』二八六〜二九七ページ参照。
（注三）若い女性が英国から連れてこられて、大量のタバコなどと引き替えに嫁がされた時代の話。

第十五章

武士道はいかにして「大和魂」となったか

過去の日本は、
まごうことなく
武士が造ったものであった。
彼らは日本民族の花であり、
かつ根源でもあった。

武士道の徳目は私たち日本人一般の水準よりはるかに高いものである。だが、これまで私が見てきたものは、山並みのようにそびえ立っている武士道の徳目の中の、ひときわ秀でたほんのいくつかにすぎない。

太陽が昇るとき、まず最初にもっとも高い山々の頂《いただき》を紅に染め、やがて徐々にその光を中腹から下の谷間に投じていくように、初め武士階級を照らしたこの武士道の道徳体系は、時が経つにつれて、大衆の間に多くの信奉者を引きつけていった。

民主主義は天性の貴公子をその指導者に育み、貴族主義は民衆の中によき貴公子の精神を吹き込む。「仲間に一人でも賢い者がいれば、みんな賢くなる。伝染力というものはそれほど速い」とエマソンがいったように、美徳は悪徳に劣らず伝染する力を持っている。どのような社会的身分や特権も、道徳の感化力を拒むことはできない。

アングロ・サクソンの自由獲得の栄光については、いくらでも語ることができるが、その運動が一般大衆の中から高まりをえることはごくわずかであった。それはむしろ地主階層や紳士たちによって導かれたのである。M・テーヌが「ドーバー海峡の向こう側（イギリス）で用いられる三音節の単語、つまりgen-tle-manはイギリスの社会を要約している」と述べているのは正しい。

だが、民主主義はこのような言い方に対して、自信をもって反論するだろう。「アダムが耕し、イブが織ったとき、いったい紳士はどこにいたのか」と。たしかに紳士はエデンにはまだいなかった。人類の最初の夫婦は、紳士がいなかったためにたいそう困り、そのために高い代償を払わなければならなかった。もし紳士がそこにいれば、楽園はもっと豊かな趣《おもむき》のある薗《その》になっていただろうし、アダムとイブは苦しみに満ちた経験をすることもなかったろう。すなわちヤハウェに対する不服従は、背信行為であり、不名誉であり、裏切りであったという苦い経験を。

過去の日本は、まごうことなく武士が造ったものであった。彼らは日本民族の花であり、かつ根源でもあった。天のあらゆる恵み深い贈り物は、武士を通してもたらされた。武士は社会的には民衆より高いところに存在したが、民衆に道徳律の規範を示し、みずからその見本を示すことによって民衆を導いたのである。私は武士道に、武士のあるべき姿の奥義と通俗的な教訓の双方があったことを認めている。通俗的な教えは一般大衆の安楽と幸福を願うものであり、奥義のほうはみずからの武士道を実践するという気高い規律であった。

サムライは
日本国民全体の「美しき理想の姿」となり、
「花は桜木、人は武士」と
俗謡に歌われたように、
大衆のあこがれの的《まと》となった。

▼大衆の娯楽に描かれる気高き武士たち

ヨーロッパの騎士道がもっとも隆盛だったころでも、騎士に属する人口はごく一部であった。それでもエマソンがいうように、「英国文学においては、サー・フィリップ・シドニー（十六世紀の詩人）からサー・ウォルター・スコット（十九世紀の小説家）にいたるまでの戯曲の半分とすべての小説は、この人物すなわち紳士を描写している」のである。このシドニーとスコットを近松門左衛門《ちかまつもんざえもん》と滝沢馬琴《たきざわばきん》に置き換えると、日本文学史の主要な特色をきわめて簡単に言い尽くすことができる。すなわち、大衆の娯楽と教育の手段、芝居、寄席《よせ》、講談、浄瑠璃《じょうるり》、小説などの主な題材はすべてサムライの話から取られていた。

農民はあばら屋のいろりを囲んで、義経とその忠臣弁慶や、勇敢な曾我《そが》兄弟の物語をあきることなく繰り返した。浅黒い腕白小僧たちは口をぽかんとあけて聞き入り、最後の薪《まき》が燃え尽き、残り火が消えても、いま聞いた物語に心を燃やすのだった。都会では番頭や丁稚《でっち》たちが、一日の仕事を終えて雨戸が閉められると、一つ部屋に集まって、夜が更《ふ》けるまで信長や秀吉の話に夢中になり、やがて睡魔が襲うと、彼らは店先の苦労から戦場の武勲へと誘われた。よちよち歩きを始めたばかりの幼な子たちは、桃太郎の鬼退治の話をまわらぬ舌で話すことを教わった。女の子でさえ、サムライの勇猛なる精神と気高い徳の心に魅了され、デズデモーナ（『オセロ』の登場人物）のように、サムライたちの物語にその耳を傾けたのだ。だからこそ、サムライは日本国民全体の「美しき理想の姿」となり、「花は桜木、人は武士」と俗謡に歌われたように、大衆のあこがれの的となったのである。

武士階級は営利を追求することを禁じられていたため、武士が直接、商売の手助けをするということはなかった。だが、いかなる人間の活動にも、どんな思考の方法にも、サムライが遵守した武士道精神から影響をうけないものはなかった。日本人の知性と道徳は、直接的にも間接的にもサムライ自身がつくり上げたものだったといえる。

マロック（英国の社会学者）は示唆に富んだその著書『貴族主義と進化』の中で、「社会の進化とは、それが生物の進化と別ものである限り、偉大な人々の意志から生じた無意識の行為の結果と定義されるだろう」と述べている。そしてさらに、歴史の進歩とは「社会一般の間における生存競争でなく、社会の少数派の人々が、大衆を最善の方法で導き、管理し、働かせようとする競争によって生み出される」と語っている。これらの説の批評はさておき、以上の見解は、武士道がわが国の社会発展に貢献してきた事実によって十分に証明されるだろう。

私たち日本人の愛する桜花は
その美しい装いの陰に
トゲや毒を隠し持ってはいない。
自然のなすがまま
いつでもその生命を捨てる覚悟がある。
その色はけっして派手さを誇らず、
その淡い匂いは人を飽きさせない。

武士道の精神があらゆる社会階層に行き渡っていた証拠は、「男伊達《おとこだて》」と呼ばれたある特定階級の俠客《きょうかく》の親分、すなわち民衆のなかで育ったリーダーの存在によって見ることができる。彼らは義俠心《ぎきょうしん》に富んだ男たちで、身体全体から堂々とした男らしさをみなぎらせていた。彼らは民衆の権利の代弁者と保護者を兼ね、それぞれ数百、数千の子分を従えていた。そして子分たちは、あたかも武士が「大名」に忠誠を誓うように、「わが身体と全財産、およびこの世の名誉」を親分に預けて仕えた。これら市井《しせい》の荒くれ無頼《ぶらい》たちの支持をうけた生まれながらの「親分」たちは、二本差しを振りまわす武士階級の専横に対して、恐るべき抑止力を持つ一団を形成していた。

武士道は、その生みの親である武士階級からさまざまな経路をたどって流れだし、大衆の間で酵母として発酵し、日本人全体に道徳律の基準を提供したのだ。もともとはエリートである武士階級の栄光として登場したものであったが、やがて国民全体の憧れとなり、その精神となったのである。もちろん大衆はサムライの道徳的高みまでは到達できなかったが、武士道精神を表す「大和 魂《やまとだましい》」（日本人の魂）という言葉は、ついにこの島国の民族精神《エートス》を象徴する言葉となったのだった。

もし、マシュー・アーノルド（英国の批評家）が定義するように、宗教が「情念の影響を受けた道徳」にすぎないとすれば、世界に武士道ほど宗教と同列の資格をあたえられた道徳体系はない、といっていいだろう。

本居宣長《もとおりのりなが》は国民の声なき声を言葉にしてこう詠《よ》んでいる。

敷島《しきしま》の大和心を人とはば
朝日に匂ふ山桜花

まったくその通りだ。「桜」こそは古来からわが日本民族がもっとも愛した花である。それは国民性の象徴でもあった。とくに宣長が用いた下の句の「朝日に匂う山桜花」に刮目《かつもく》して欲しい。

大和魂はひ弱な栽培植物ではない。自然に生える野生の草木であり、わが国固有のものである。その付随的な性質は他国の花と共通するかも知れないが、その本質においては、あくまでわが風土に自生する自然の所産である。しかし、私たちはそれが原産だからとの理由で、桜花に愛情を感じているのではない。その花の持つ洗練された美しさ、そして気品に、ほかのどの花からも得ることのできない、「私たち日本人」の美的感覚を刺激されるのである。

ヨーロッパ人はバラの花を賞賛するが、私たち日本人はそれを共有する感覚は持ち合わせていない。バラには桜花の持つ簡素な純真さに欠けている。それだけではない。バラはその甘美さの陰にトゲを隠し、執拗《しつよう》に生命にしがみつく。まるで死を怖れるがごとく、散り果てるよりも、枝についたまま朽ちることを好むかのようにである。しかもバラは華美な色彩と濃厚な香を漂わせる。いずれをとっても桜花にはない特性である。

私たち日本人の愛する桜花はその美しい装いの陰にトゲや毒を隠し持ってはいない。自然のなすがままいつでもその生命を捨てる覚悟がある。その色はけっして派手さを誇らず、その淡い匂いは人を飽きさせない。草花の色彩や形は外観だけのものので固定的な性質である。だが、辺りに漂う芳香には揮発《きはつ》性があり、あたかも生命の息吹のように、はかなく天に昇る。それゆえにあらゆる宗教的な儀式において乳香《にゆうこう》と没薬《もつやく》は重要な役割を演じるのである。香りにはどこか霊的な働きがある。

太陽が極東の島々を照らし、桜の芳しい香りが朝の空気を生き返らせるとき、この麗《うるわ》しい息吹を胸一杯に満たすときほど、さわやかな澄んだ感覚を覚えることはまずないであろう。『旧約聖書』には、創造主みずからが、甘い香りをかいで、その御心に新たな決意を固められたと記されている。そうだとすれば、桜の花の匂う季節に、すべての国民が小さな家々から誘い出されて、その空気に触れることになんの不思議があろうか。彼らの手足がしばしの間、苦労を忘れ、心の苦しみや悲哀をどこかに置き去ったとしても、それは咎《とが》めるには値しない。その束の間の楽しみが終われば、彼らはまた新たなる力と満たされた心を持って日々の仕事へ戻っていくのだ。このようないくつもの理由から、桜はわが日本民族の花となったのである。

ならば、これほど美しく、かつはかなく、風の吹くままに舞い散り、ほんの一瞬、香を放ち、永久に消え去っていくこの花が「大和魂」の典型なのか。日本人の魂はこのようにもろく、滅びやすいものなのだろうか。

第十六章

武士道はなお生き続けるか

仮に武士道が
物理的な力にすぎなかったとしても、
過去七百年の間に
営々と築き上げてきた勢いを、
いとも簡単に停止することなど
ありえないであろう。

日本に荒波のように押し寄せてきた西洋文明は、すでにわが国古来のあらゆる教義の痕跡《こんせき》を拭《ぬぐ》い去ってしまったのだろうか。一国の国民の魂がそんなにも早く死滅するとあれば、それは悲しむべきことである。外国からの影響にいともたやすく屈服してしまうとなれば、それは貧弱な魂だったといわねばなるまい。

国民性を形成する心理的要素の集合体が、固く結びついて離れないのは、「魚のひれ、鳥のくちばし、食肉獣の牙のように、その種に欠くことのできない要素」と同様である。皮相な独断に満ちているル・ボン（フランスの社会心理学者）が、その著作の中で、「知性による発見は人類共有の遺産だが、性格の長所や短所はそれぞれの国民が継承する特有の遺産である。それは何世紀にもわたって日夜、海水で洗われ、ようやく表面の粗さがとれた固い岩のようなものである」と述べている[注一]のは適切である。もしそれぞれの国民が独自に継承する「特有の遺産」に長所や短所があるとすれば、それは十分に考察するに値する。だがこの種の図式化された理論は、ル・ボンがこの本を執筆するはるか以前から提唱されており、ずいぶん前にセオドア・ワイツ、ヒュー・マレーなどの人々によって論破されていたのである。

武士道が長い年月をかけて育んできたさまざまな徳目を考察するにあたり、私はこれまでヨーロッパの例を用いて比較や説明をしてきた。そして武士道の特質とされるものが、どれ一つとして「武士道のみ」の遺産ではなかったことを見てきた。たしかに武士道は、道徳的特質の合成体が極めて独自の様相を呈していたのは事実である。エマソンが「あらゆる偉大な力が構成要素として加わった複合的結果」と名付けたのも、この合成体のことである。だが、コンコードの哲人（エマソン）は、ル・ボンのように、それを民族もしくは国民の固有の遺産とすることはなかった。そして次のように語ったのである。

「あらゆる国のもっとも有力な人々を結びつけ、彼らを互いに理解し、同意できるようにする要素である。だが、それは個々人が秘密結社《フリー・メイスン》のような符合を失っても、ただちにそれとわかる明確な何かである」と。

武士道が日本国民、とりわけサムライに刻みつけた性格は、「種族にとって欠かすことのできない要素」を構成しているとはいいがたいが、それでも武士道が持ち続けている活力については疑う余地はない。仮に武士道が物理的な力にすぎなかったとしても、過去七百年の間に営々と築き上げてきた勢いを、いとも簡単に停止することなどありえないであろう。たとえそれが遺伝によってのみ継承されたとしても、その影響は確実に広大な範囲に広がっているはずである。

たとえばフランスの経済学者であるE・シェイソンが計算したところによれば、一世紀に三世代の交替があるとして、「われわれ一人一人の血管の中には、少なくとも西暦一千年に生きていた二千万人の血液をもっている」と言っている。つまり「数世紀もの重みで腰が曲がった」貧しい農夫は、その血管の中に数世代の血液をもっており、しかも彼は「牛」と兄弟であるばかりか、私たちとも兄弟なのである。

私たち日本人を動かしめた原動力は、
けっして物質資源の開発や
富の拡大ではなかった。
ましてや
西洋の習慣を模倣《もほう》するためではなかった。

武士道は、無意識の抵抗できない力として、日本国民の一人ひとりを動かしてきた。たとえば近代日本の輝かしい先駆者の一人である吉田松陰《よしだしょういん》が、処刑前夜に詠んだ次の歌は、日本国民の心からの叫びだったといえる。訳注一

かくすればかくなるものと知りながら
やむにやまれぬ大和魂

武士道は形式こそ整えていなかったが、過去も現在も、わが国民を鼓舞《こぶ》する精神であり原動力なのである。

ランサムはこう述べている。

「今日、三つの別々の日本が並んで存在している。古い日本は完全に死に絶えてはおらず、新生日本は精神面以外はまだほとんど生まれてはいない。過渡期の日本は、現在もっとも重大な葛藤を経験している」

この言葉は多くの点で、とくに目に見える具体的な諸制度に関しては真理をつい

ているが、いくつかの修正が必要である。なぜなら古き日本の建設者であり、その所産であった武士道は、いまなお過渡期の日本を指導する国民的原理であり、新時代を形成する力を発揮するであろうからだ。

王政復古の嵐と、維新回天の渦《うず》の中で、日本という船の舵《かじ》をとった偉大な政治家たちは、武士道以外の道徳的教えをまったく知らない人々であったことが、それを証明する。

最近、何人かの著者が[注二]、キリスト教の宣教師たちが新生日本の建設に大きな貢献をしたことを証明しようとした。私は名誉をあたえるべき人には名誉をあたえるが、これらの善良な宣教師たちには、まだこの名誉はあたえるわけにはいかない。なぜなら裏付けのない証拠を持ち出して要求するより、名誉をもって互いを優先するという聖書の教えに従うほうが、彼らの職務にふさわしいと思うからである。

私をしていわしめれば、宣教師たちは日本のために、教育、とくに道徳教育の領域で立派な仕事をしているいると信じている。だが神秘的だが確かな精霊の働きは、いまなお神秘なベールに包まれているのである。彼らがいかなる仕事をしようとも、それは間接的な影響にとどまる。否、いまのところキリスト教の伝道は新しい日本の特性を形成する上で、目立った影響はほとんど及ぼしていないといってよいだろう。善きにつけ悪しきにつけ、私たちを駆り立てたものは純粋で単純な武士道そのものであったというべきなのだ。

近代日本を建設した人々の伝記をひもといてみるがよい。佐久間象山、西郷隆盛、大久保利通、木戸孝允はいうにおよばず、現存する伊藤博文、大隈重信、板垣退助らがどのようにして偉勲となったのか。それらを読めば、彼らがいかに武士道のサムライ精神に突き動かされたかがわかるだろう。

ヘンリー・ノーマン（英国の旅行家）は極東事情を研究し、さらに観察した後、日本がほかの東洋の専制諸国と異なる唯一の点は、「人類が考え出したことの中で、もっとも厳しく、もっとも高尚で、かつ厳密な名誉の掟《おきて》が、国民の間に支配的な影響力を及ぼしたこと」にある、と断言している。このとき、ノーマンは今日の新生日本を作りあげ、将来あるべき姿に導くであろう中心的な力に触れたのである。[注三]

日本の変貌はいまや全世界が知る歴然たる事実である。このような壮大な事業には、さまざまな動機が入り交じっているが、その最大のものを挙げろといわれれば、私は躊躇《ちゅうちょ》なく武士道を挙げる。武士道こそ維新回天の原動力だったのである。

日本が外国貿易を開放し、生活のあらゆる部分に最新の改良を取り入れ、西洋の政治や学問を学び始めたとき、私たち日本人を動かしめた原動力は、けっして物質資源の開発や富の拡大ではなかった。ましてや西洋の習慣を模倣《もほう》するためではなかった。

東洋の諸制度や民族を詳しく観察したタウンゼントは、こう書いている。

「われわれは毎日のように、ヨーロッパがいかに日本に影響をおよぼしたかを聞かされるが、日本の変化はまったく自発的なものだったことを忘れている。ヨーロッパ人が日本に教えたのではなく、日本人みずからがヨーロッパの政治・軍事の制度を学んだのである。それがいままでのところ立派に成功を収めているのだ。数年前、トルコ人がヨーロッパの大砲を輸入したように、日本はヨーロッパの機械工学を輸入した。だがそれは正確にいえば影響というべきものではない。たとえば、イギリスが中国から茶を購入したからといって、それで影響をうけたことにはならないのと同じである。日本を作り替えたヨーロッパの伝道師や哲学者や煽動家がいるというのなら、別だが[注四]」

タウンゼントは、日本に変化をもたらしたその行動力の源泉が、日本人自身の内なる力だったことを見抜いていた。もし、彼が日本人の心情をもっと深く探っていたら、その鋭い洞察力で、この源泉が武士道であったことを容易に確信したであろう。劣等国として見下されることに耐えられない名誉心、これが日本人の動機の最大のものであった。殖産興業という考え方は、そうした過程の中で後から生まれたものである。

私たち日本人の欠点や短所もまた、
大いに武士道に
責任があることも認めなければ、
公平さを欠くであろう。
日本人の過度に感じやすく、
激しやすい性質についても、
私たちの名誉心にその責任がある。

武士道の影響力は、現実社会においても誰にでも見て取れるほど明白である。日本人の生活を一瞥《いちべつ》すれば、そのことはすぐにわかる。日本人の心をもっとも雄弁かつ誠実に紹介したラフカディオ・ハーン（小泉八雲《こいずみやくも》）の作品を読めば、彼が描くところの日本人の心情が、まぎれもなく武士道の一例であることがわかる。

国民がみな一様に礼儀正しいのも武士道の賜物《たまもの》である。このことはよく知られているので、改めて繰り返す必要もないほどだ。「小柄なジャップ」の持つ忍耐力、不屈の精神、そして勇気は日露戦争によって十分に証明されたではないか。[注五]「日本人以上に忠実で愛国的な国民がほかにいるだろうか」とは、このとき世界の多くの人々が発した問いであるが、私は誇りをもって「否《いな》」と答えることができる。その意味でも私たちは武士道に感謝しなければならない。

しかしながら、その反面、私たち日本人の欠点や短所もまた、大いに武士道に責任があることも認めなければ、公平さを欠くであろう。たとえば、すでにわが国の若い人の中には、科学分野では国際的な名声を得ている人がいるというのに、深遠な哲学の分野では誰もまだ偉業を達成した人はいない。この原因は武士道の訓育にあっては形而上学的《けいじじょうがく》な思考訓練がおろそかにされていたからである。また、日本人の過度に感じやすく、激しやすい性質についても、私たちの名誉心にその責任がある。そして外国人からよく指摘されるような「日本人は尊大な自負心をもっている」という言葉も、これもまた名誉心の病的な行き過ぎによる結果であるといえる。

日本を旅行していると、ぼさぼさ頭に粗末な身なりで、手に大きな杖《つえ》か本を抱え、世俗的な事柄にはまったく無関心といった風情で、通りを闊歩《かっぽ》する多くの若者を見かけることがあるだろう。彼は「書生」（学生）であり、彼にとっては地球はあまりにも狭すぎ、天空とてけっして高くない。彼は独自の世界観や人生観を持ち、心は空中の楼閣《ろうかく》に住み、幽玄《ゆうげん》な知識の言葉を食べて生きている。その目には大志の炎が燃え、その心は知識を渇望している。赤貧《せきひん》は彼をいっそう磨き上げる刺激となり、彼の目から見ると、世俗的な財産は、彼の人格にとって足枷《あしかせ》に映る。彼は忠義心と愛国心の権化《ごんげ》であり、みずから国家の栄誉の番人であることを自負している。彼の美点も欠点も、つまりは武士道の最後の残滓《ざんし》なのである。

武士道はこのまま廃《すた》れるのか。
その予兆となる
芳しくない徴候が
大気中に漂いはじめている。

武士道の日本人にあたえる影響は、いまなお深く力強いものがある。すでに述べたように、それは無意識かつ無言の感化である。日本人の心情はたとえ理由が明らかでなくとも、昔から継承してきた観念に訴えられると、即座に応答する。そのことは、同じ道徳観念であっても、新しく翻訳された言葉と古くから武士道で用いられた言葉とでは、その効力は大きく異なるのである。

たとえば、ある堕落した日本のキリスト教徒を、牧師がいかなる説得をもってしても救うことができなかったが、彼が主に対して誓った「忠誠」、すなわち忠義なる言葉を出して訴えられると、彼は再び信仰の道に戻ったという。これは「忠義」という言葉が、彼の怠惰《たいだ》な心をいま一度生き返らせたのである。あるいはまた、ある大学で、血気盛んな学生の一団が一教師への不満を理由に、長期のストライキに入った。だが、学長から二つの簡単な質問をされて、素直に解散した。学長はこう問うたのだ。

「君たちの批判する教授は立派な人柄の人物であるか？　もしそうなら、君たちは教授を尊敬し、大学に留《とど》まってもらうべきである。その教授は弱い人であるか？

もしそうならば倒れ伏している人を押しつぶすのは男らしくないではないか」

騒動の発端は教授の学問的能力にあったのだが、それは学長が提示した道徳上の問題とくらべると、重大なことではなくなったのである。しかも学長はこうした行為を「男らしくない」と断言した。つまり武士道によって育まれた心情を呼び起こすことで、偉大な道徳的革新が得られたのである。

日本におけるキリスト教の伝道事業が、いまだそれほどの成果を上げていないのは、多くの場合、伝道師たちが日本の歴史について無知なためである。現に「異教徒の事績に関心を払ってなんになるのか」という者もいる。その結果、彼らの宗教は、私たちや私たちの先祖が何世紀にもわたって慣れ親しんできた考え方から遠ざかっているのである。一国の歴史を愚弄《ぐろう》しても何もはじまらない。いかなる民族の歴史も、いかなる文字の記録ももたない、もっとも未開とされるアフリカの人々の来歴でさえ、神自身の手で書かれた人類史の一ページだと思うのだが。

絶滅した民族でさえ、具眼《ぐがん》の士によって解読されうる古文書である。哲学的で敬《けい》虔《けん》な心を持つ人にとっては、種族そのものが神自身が書き記したものと映るはずだ。肌の色が黒く、あるいは白くあろうとも、その皮膚のように明瞭な足跡がたどれるのである。もしこの比喩《ひゆ》を用いることが許されるなら、黄色人種は金色の象形文字で刻まれた貴重な一ページとなるのである。

その国民の過去の足跡を無視して、宣教師たちはキリスト教を新しい宗教だと主張する。だが私が思うに、それは「かびの生えた古い話」の類《たぐい》である。もしキリスト教がそれぞれの国民に親しみやすい言葉で示されれば、つまり、その国民の道徳的発展においてなじみのある言葉で説かれるならば、人種や国籍を問わず、人々の心にすんなりと宿るのである。

アメリカ的あるいはイギリス的様式のキリスト教、つまり創造主の恩恵と純粋よりも、たぶんにアングロ・サクソンの気まぐれや空想を含んでいるキリスト教は、武士道という幹《みき》に接《つ》ぎ木をするには貧弱すぎる芽である。新しい信仰の布教者たるものは、根も幹も枝もすべて根絶して、福音《ふくいん》のタネを荒れ果てた土壌に播《ま》くべきであろうか。

たしかに、そのような大胆なやり方も可能かもしれない。事実、ハワイでは戦闘的な教会が富そのものを奪略し、先住民族の絶滅にも成功したと言い張っている。だが、このような方法は日本では断じて不可能である。いや、それはイエス自身が地上に神の王国を建てる際にも、けっして採用しなかった方法である。私たちは、聖者であり、敬虔なキリスト教徒であり、そして深遠な学者（ジャウエット）の言葉を、もっと心に留めるべきである。彼はこういうのだ。

「人は世界を異教徒とキリスト教徒とに分けた。だが、前者にどれほどの善が秘められているのか、後者にどれほどの悪が混在しているのかを考えてこなかった。自分の最良の面と隣人の最悪の面とをくらべ、キリスト教の理想と、ギリシャや東洋の腐敗とをくらべてきた。公平さを目指さず、自分の宗教のみを誉《ほ》め、他の様式をもつ宗教について悪口を言い、それで満足してきたのである」[注六]

だが、個人がどのような誤りを犯したとしても問題ではない。私たちが武士道の将来を考える際に考慮しておかねばならないことは、いずれ宣教師たちが信奉するキリスト教の根本原理である愛が、一大勢力であることは疑う余地がないということである。

武士道はこのまま廃《すた》れるのか。その予兆となる芳しくない徴候が大気中に漂いはじめている。いや、徴候のみならず、侮《あなど》りがたい勢力がすでに武士道を脅かしているのである。

（注一）『民族心理学』三三ページ。
（注二）アメリカの宣教師スピーア『アジアにおける伝道と政治』第四講、一八九〜一九二ページ。シリアの宣教師デニス『キリスト教伝道と社会進化』第一巻三二ページ。第二巻七〇ページ。
（注三）『極東』三七五ページ。
（注四）メレディス・タウンゼント『アジアとヨーロッパ』二八ページ。
（注五）この問題に関する著書の中でも、とくにイーストレークと山田共著『英雄的日本』と、ディオシーの『新しい極東』を薦める。
（注六）英国の古典学者ジャウエット『信仰と教義についての説教集』第二章。
（訳注一）実際はそれ以前。一八五四年、ペリー艦隊に密航を企てたかどで逮捕され、江戸送りになる途中、赤穂《あこう》義士の墓所がある高輪泉岳寺《たかなわせんがくじ》を通りすぎたとき、詠んだものである。

第十七章

武士道が日本人に遺したもの

悲しいかな武士道の徳！
悲しいかなサムライの誇り！
鉦《かね》や陣太鼓の響きとともに
この世に迎え入れられた武士道は
「将軍も王も去る」ように、
消えゆく運命にあるのだ。

ヨーロッパの騎士道と日本の武士道ほど、歴史的にきちんと比較できるものは極めて希《まれ》である。歴史が繰り返されるならば、間違いなく武士道は騎士道と同じ運命をたどるだろう。騎士道の衰退の、サント・バレー（フランスの言語学者）が述べたような、特殊な、かつ地域的な理由は、もちろん日本の現状にはほとんど当てはまらないが、中世およびその後の、騎士と騎士道を衰退させた原因より、もっと大きくて一般的なことが日本の武士道にも着実に作用しているのである。

ヨーロッパと日本の場合の際だった違いは、次の点にある。騎士道は封建制から離れたのち、キリスト教会に引き取られて、新たな余命をあたえられた。だが、日本の武士道にはそのような庇護《ひご》する大きな宗教がなかったことである。そのため母胎の封建制が崩壊すると、武士道は孤児として残され、自力で生きなければならなかった。

ある人は言うかも知れない。現代のよく整った軍事組織が武士道をその庇護下にしているではないかと。しかし周知のように、現代の戦争は武士道が成長し続ける条件を満たしてくれないことは明らかである。武士道の幼年期を育成した神道は、それ自体が老朽化してしまったし、武士道の理論を裏付けした古代中国の白髪の賢人たちもまた、ベンサム（英国の法学者）やミル（英国の哲学者）といった知的新参者に取って代わられている。彼らは時代の好戦的、あるいは排外主義的な傾向に迎合することによって今日の要求によく適合し、それゆえの快楽主義的な道徳論が提供されている。とはいえ、それらはまだ通俗ジャーナリズムのコラムで騒いでいる程度にすぎないが。

一方では、さまざまな支配権力や権威が武士道に対抗すべく牙をむいている。ヴェブレンが述べるように、「労働者階級の間における儀礼的規範の衰退、いいかえれば生活の通俗化は、繊細な感受性をもった人々の目からみれば、文明の末期的状況」の一つである。めざましい民主主義の抵抗しがたい奔流《ほんりゅう》は、それだけでも武士道の残滓《ざんし》を飲み込んでしまう勢いがある。

たしかに武士道は知性と文化を独占的に支えた人々によって組織された特権階級の精神だった。同時に武士道は道徳的な等級と価値をみずからの掟《おきて》として定めていた。だが、民主主義はいかなる形式、いかなる形態の特権階級をも認めないのである。

したがって現代の社会的勢力は、狭い階級精神の存在を容認しない。フリーマン（英国の歴史家）が鋭く指摘するように、騎士道は一つの階級精神であった。もし現代社会がなんらかの統合性を認めたとするならば、それは「特権階級の利益のために考案された、純粋な個人的な義務」[注一]だけである。これに加えて一般教育の普及、産業技術の発展、そこからもたらされる富、都市生活などが、大衆を急速に席巻《せっけん》している。となれば、サムライのどんな名刀の切れ味も、武士の最強なる弓矢も、何の役にも立たないことがわかるだろう。

名誉の巌《いわお》の上に築かれ、名誉によって防備された国家、これを「名誉国家」、もしくはカーライル流に「英雄国家」と呼ぶにしても、その国家は屁理屈《へりくつ》で武装した三百代言《さんびゃくだいげん》の法律家や、ご託《たく》ばかり並べている政治家どもの手に掛かってはひとたまりもないのである。ある偉大な思想家はテレサとアンティゴーネ（ギリシャ神話の登場人物）について、「彼女たちの壮烈な行為を育《はぐく》んだ環境は永遠に去った」と述べたが、この言葉は武士道についても当てはまるのである。

悲しいかな武士道の徳！　悲しいかなサムライの誇り！　鉦《かね》や陣太鼓の響きとともにこの世に迎え入れられた武士道は「将軍も王も去る」ように、消えゆく運命にあるのだ。

もし、私たちが歴史から何かを得るとするならば、それは武徳が築いた国家、たとえばスパルタのような都市国家であれ、古代ローマのような帝国であれ、けっしてこの地上では永遠ではない、ということである。

▼日本人の表皮を剝《は》げばサムライが現れる

武士道精神が死に絶えたわけではない。
見る目のある人たちには
それらがハッキリと見えるはずだ。
その証拠に、もっとも進んだ思想をもつ
日本人の表皮を剝いで見れば、
そこにはサムライが現れるであろう。

人間の闘争本能というものは普遍的で自然なものである。そこに高尚なる感性や男らしい徳目があったとしても、それが人間性のすべてではない。それ以上にもっと神聖なる本能が潜んでいる。すなわち愛という本能である。

これまで見てきたように、神道も孟子《もうし》も王陽明《おうようめい》もみな、明らかにそのことを教えていた。武士道や、戦闘的タイプの道徳はいずれにおいても、目の前の現実に心を奪われて、えてしてこの「愛」という本能の存在をないがしろにしてきたことは確かである。

近年、私たちの生活の幅はより広がり、向上している。武士の訴えてきた使命よりも、さらに大きな使命が、今日私たちに要求されている。すなわち人生観の広がり、民主主義の成長、他民族や他国家についての知識の増大とともに、孔子《こうし》の仁の思想、あるいは仏教の慈悲の思想は、キリスト教の愛の観念と結びつき膨らんでいくであろう。人はもはや臣下としての身分ではなく、誰もが平等である市民という存在に成長した。いや、市民を超えて人間そのものなのである。

戦雲が地平線に重くたれ込めようとも、平和の天使の翼がこれらを吹き払ってくれることを信じよう。世界の歴史は「優しき人々は地を受け継ぐ」という予言を実証するであろう。平和という生まれながらの権利を売り渡し、産業主義の前線から身を引いて、侵略主義の戦列に加わる国民は、まったく馬鹿げた取引をしているものだ！

社会の状況が大きく変わり、武士道に反対するばかりか敵対するまでになった今日では、武士道にとっては名誉ある埋葬を準備すべきときである。

騎士道がいつ死んだかを指摘するのは、それが始まった時を特定するのと同じくらい難しい問題だ。ミラー博士は、騎士道はフランスのアンリ二世が武芸試合で殺された一五五九年に廃止された、というが。

それに対して武士道の終焉は、一八七一年に封建制を正式に廃止する廃藩置県の詔《みことのり》が弔鐘《ちょうしょう》の合図であった。その五年後に公布された廃刀令は、その昔、「労働することなく人生を送る恩恵、安上がりの国防、男らしい感性と英雄的な行動の保護者」であった武士階級がなくなったことを意味し、それに代わって「理屈ばかりの詭弁《きべん》家、金儲け主義、計算高い連中」の新時代を鳴り物入りで迎えたのだ。

日本が最近の中国との戦争（日清戦争）で勝ったのは、村田銃《むらたじゅう》とクルップ砲によるものだったといわれている。あるいはまた近代的な学校制度の成果だともされている。しかしこれは真実の半分もいいえていない。

たとえばエールバールやスタインウェーの選び抜かれた最高のピアノであっても、名手の手を借りずに、リストのラプソディーやベートーベンのソナタを弾くことはできまい。あるいは銃の良し悪しで戦争に勝てるというのなら、なぜナポレオンはミトラユーズ式機関銃でプロイセン軍を破れなかったのか。モーゼル銃を持つスペイン軍が、なぜ武器としては旧式のレミントン銃しかなかったフィリピン人に勝てなかったのか。

改めて言うまでもなく、人間の活力をもたらすものは精神力である。精神がなければ最良の装備もほとんど役に立たないし、最新式の銃も大砲もひとりでには発射しないのだ。近代的な教育制度といっても臆病者《おくびょうもの》を英雄にすることはできない。

いうまでもなく、鴨緑江《おうりよくこう》で、あるいは朝鮮や満州で、勝利をかち取らせたのは、私たちを導き、そして心を励ました祖先の武士道の霊魂があったからだ。これらの霊魂、すなわち私たちの勇敢なる祖先がつくりだした武士道精神が死に絶えたわけではない。見る目のある人たちにはそれらがハッキリと見えるはずだ。その証拠に、もっとも進んだ思想をもつ日本人の表皮を剝いで見れば、そこにはサムライが現れるであろう。

名誉、勇気、そしてすべての武徳のすぐれた遺産については、クラム教授がじつに見事に表現している。それは「われわれが預かっている財産にすぎず、祖先およびわれわれ子孫のものである。それは誰も奪い取ることのできない人類永遠の財産である」と。したがって現在、われわれの使命はこの遺産を守り、古来の精神を一滴たりともそこなわないことである。そして未来に課せられた使命は、それらを人生のあらゆる行動と諸関係に応用していくことである。

武士道は確固たる教義もなく、
守るべき公式もないので、
一陣の風であえなくも散っていく
桜の花びらのように、
その姿を消してしまうであろう。
だが、その運命は
けっして絶滅するわけではない。

日本の封建制の道徳体系は、その城郭や武具と同じように崩壊して土と化した。そして、それに代わる新しい道徳が不死鳥のごとく飛び立って、新生日本を進歩発展させるであろう、といわれてきた。事実、この半世紀の間にこの予言は確実に証明されてきた。そのような予言の実現はまことに望ましく、おそらく未来はそうなるであろう。

だが、不死鳥はみずからの灰の中からのみ蘇生《そせい》し、どこからか渡ってくる鳥ではない。ましてや他の鳥から借りた翼で飛び立つものではないことを、私たちは忘れてはならない。

「神の国は汝《なんじ》らの中にあり」というがごとく、この神の国とて、山がいかに高くてもそこから降りてくるものではない。海がいかに深くても、そこを渡ってくるものではない。

「神はすべての民族にその人たちの言葉で語る予言者をもうけた」とコーランは述べている。日本人のその心が保証し、理解した神の国の種子は武士道の中で花開いた。だが、悲しむべきことに、その実が熟す前に、武士道の時代は終わろうとしているのである。私たちはあらゆる方向に、美と光の、力と慰めの、源泉を求めているが、いまだ武士道の代わりになるものを発見できているとはいえない。

功利主義者と唯物論者の損得哲学は、魂を半分しか持たないような屁理屈屋の間で人気があるようだが、いま功利主義や唯物論に対抗できる他の強力な道徳体系は、キリスト教だけである。これにくらべれば、武士道はもはや「いまにも消えそうな灯心《とうしん》」だと白状しなければならない。

とはいえ、救世主は「これを消さず、これを煽《あお》りて炎となす」と宣言された。救世主の先駆者であるヘブライ人の予言者、とりわけイザヤ、エレミア、アモス、ハバククのように、武士道は支配者階級の道徳的行為に重点を置きながらも、その影響はあまねく国民全体の道徳となった。しかし一方でキリスト教の道徳は、もっぱら個人およびキリストを個別に信仰する人々を対象にした。となると、個人主義が道徳の要素として力をつける民主主義社会においては、キリスト教の道徳はますます応用されていくだろう。

ニーチェのいわゆる専制的な自我中心の道徳律は、ある点においては武士道に近いものがある。もし私が大きな過ちを犯していないならば、ニーチェの哲学は病的なゆがみによってナザレ人（イエス）の道徳を謙虚で自己否定的な奴隷哲学と名付けたが、それに対する過渡的な現象もしくは一時的な反動である、といえる。

キリスト教と唯物論（功利主義を含む）は――将来においてはヘブライズムとヘレニズム〔訳注一〕というさらに古い形式に還元されるのだろうか？――いずれこれらが世界を二分するであろう。小さな道徳体系は、これらのどちらかに組み込まれて生き残りをはかるだろう。

武士道はどちらに付くのであろうか。

武士道は確固たる教義もなく、守るべき公式もないので、一陣の風であえなくも散っていく桜の花びらのように、その姿を消してしまうであろう。だが、その運命はけっして絶滅するわけではない。禁欲主義《ストイシズム》が滅び去ったと誰がいえるだろう。それは体系としては死んだが、徳目としてはいまも残っている。その精神と活力は人生のさまざまな部分で、西洋諸国の哲学の中に、あらゆる文明社会の中に見ることができる。いや、人間がみずからを向上させようと格闘しているところには、あるいは精神が肉体を支配しようとするところにおいては、ゼノン（ストア哲学の祖）の不滅の規律が作用しているのをみるのである。

たしかに、武士道は独立した道徳体系の掟としては消え去るであろう。だが、その力はこの地上から滅び去るとは思えない。サムライの勇気や民族の名誉の学院は破壊されるかもしれないが、その光と栄光はその廃墟を超えて生きながらえるであろう。あの象徴たる桜の花のように、四方の風に吹き散らされた後でも、その香りで人類を祝福し、人生を豊かにしてくれるであろう。何世代かの後に、武士道の習慣や志が葬り去られ、その名前が忘れ去られたとしても、「路傍《ろぼう》に立ちて彼方《かなた》を眺むれば」、その香りは遠く離れた、どこか見えない山の彼方から、一陣の風によって運ばれてくることだろう。

クエーカー詩人の麗しい言葉とともに……。

いずこよりきたるか、花の香り近く
旅人の胸、感謝に満ちて

しばし歩みをとめ、帽をとりて
はだに天より祝福を受ける

（注一）『ノルマン人の征服』第五巻四八二ページ。

（訳注一）ヘブライズムはヘブライ人の思想・文化の意で、ユダヤ・キリスト教思想の基をなしている。ヘレニズムはヘブライズムと対比してギリシャ精神の意。両者はヨーロッパ思想の二大源流とされている。

訳出にあたって

一　訳出にあたっては、『新渡戸稲造全集　第十二巻』（教文館、一九六九）所収の英語版を底本とした。

二　原注及び訳注は、各章末に入れた。「雨戸」などの日本人にとって必要のない原注は、原則として割愛した。

三　訳注については、人名注は本文中に（　）で簡潔な説明を入れた。他は読解を助けるものを主とし、最小限にとどめた。

四　原著にない人名や書名で、読解に役立つものは、矢内原忠雄訳（岩波文庫）等では括弧書きで入れられている。本訳もこのやり方に倣ったが、原文の意を損なわない場合には、地の文に挿入した。

五　引用されている中国古典や日本の文献、史料などについては、原則として現代語に訳し、現代の読者にも難解でない場合は、読み下し文ないし文語文を用いた（一部、読み下し文の後に（　）で現代語訳を入れた箇所もある）。

解説

■武士道を体系化した唯一の思想書

武士道というと、多くの人は、キリスト教における『聖書』、儒教における『論語』、あるいはイスラム教における『コーラン』といったように、特別な書物があるように思われているが、本文にも記されているように、「これぞ武士道」として成文化されたものがあるわけではない。

武士道は、あくまでも日本の長い封建風土のなかで、武士のあるべき姿として自然発生的に培養され、そのつど時代に即応して研鑽《けんさん》され、やがては〝武士の掟《おきて》〟となった不文不言の倫理道徳観であった。いうなれば武士道は、サムライがつくり、サムライによって育てられ、その育て上げた武士道がさらなるサムライを鍛え上げるといった、日本固有の修養精神だったといえる。

武士道精神を述べたものには、江戸時代においても、山本常朝《やまもとつねとも》があらわした有名な『葉隠《はがくれ》』をはじめ、山鹿素行《やまがそこう》の『山鹿語類《ごるい》』、井沢蟠龍《いざわばんりよう》の『武士訓《ぶしくん》』、さらには大道寺友山《だいどうじゆうざん》の『武道初心集』などいくつかの書物があるが、それらは武士の処世訓といったもので、武士道そのものを体系的に網羅してあるわけではない。また、ごく限られた範囲の中でしか読まれていなかったので、日本人全体の精神を表したものとはいえなかった。

しかも、武士道論議が盛んになったのは、その主体である武士階級が消滅した明治時代になってからのことで、江戸期においてはそれほど声高に叫ばれていたわけではない。せいぜい著名な君主や特定の武士の遺訓といったものを〝戒め〟として口伝《くでん》したにすぎなかったのである。

ところが、明治になって怒濤《どとう》のごとく西洋の新しい価値観が導入されはじめると、社会全体がことごとく文明開化の波に呑《の》まれて西洋化していった。その変わりゆく姿を見て、心ある人々が「日本人とはなにか」を問い直し、失われゆく日本人の伝統精神を振り返ったとき、改めて和魂としての「武士道」がもてはやされるようになったのである。それは、今日の日本が国際化とかグローバル化といわれ、あらためて世界の中の日本を考えたとき、オリジナルの国家意識や伝統精神を見直そうとするのと同じ発想だったといえる。

では、今日、一般的に武士道といった場合、われわれは何をもって理論的支柱にしているのかといえば、この新渡戸稲造の『武士道』をもって一般には膾炙《かいしゃ》されているのである。なぜなら、この本こそ、武士道精神を体系的かつ総括的に述べた唯一の思想書となっているからである。

■新渡戸『武士道』に惹かれた理由

じつのところ戦後生まれの私が、武士道なるものに興味をもったのも、この新渡戸稲造の『武士道』を読んでからのことである。もしこれが、江戸時代に書かれた封建制を支えるような忠君主義的なものであれば、歯牙《しが》にもかけなかったであろう。

いや、それどころか四十歳ごろまでの私は、いまの若い人と同様に、武士道など封建的な〝過去の遺物〟としか見ていなかったのだ。もちろん言葉としての武士道は知ってはいたが、〝全共闘世代〟に属する私にとっては、マルクスやレーニン、キルケゴールやサルトルといった西洋哲学のほうが身近であり、江戸幕藩体制を支えた武士道など民主主義にはそぐわないものと勝手に見なしていたのである。

ところが、そうした中にあって、戦後という言葉も遠くなり、日本が驚異的な速度で経済大国になるにしたがい、日本人がかつて持っていた「清廉《せいれん》」とか「栄辱《えいじょく》」とかいった生き方を忘れ、いつしか世界中から「エコノミック・アニマル」と蔑《さげす》まれるようになっていた。そして、そのあげくバブルに踊り狂った無節操で傲慢な日本人を目《ま》のあたりにしたとき、柄《がら》にもなく、「本来の日本人はこんなはずではなかった」との思いを巡らせ、ふと手にしたのがこの『武士道』だったのである。

新渡戸『武士道』を読んで、私は自分の浅学《せんがく》を恥じた。この本は、けっして古めかしい道徳を語っているわけでも、封建制度の因習を記したものでもなかった。むしろそれは、現在のわれわれがなくしてしまった「日本人の伝統的精神」といったものが格調高く書かれてあり、人間としての普遍的な倫理観を内包した本だったからである。

それにしても、なぜ私は数ある武士道関連の本のなかで、新渡戸稲造の『武士道』に興味をもったのか。

その理由は、著者である新渡戸稲造という人が、明治から昭和初期における真摯《しんし》な教育者であり、しかも熱心なキリスト教徒であり、国際親善の使徒として活躍した人であったということだ。そういう人が、なぜ、封建的な精神と思われる武士道を改めて書いたのか、と……。

どう考えても、武士道とキリスト教では違和感があった。しかも、この本は、原題を『Bushido —— The Soul of Japan』といい、明治三十二年（一八九九年）、アメリカから英文で発刊されたものであったのだ。なぜ、あえて英文で書かれたのか。この二つの「なぜ」が、私に『武士道』を読ませた最大の理由だったといえる。

■新渡戸稲造とは何者か

こうした「なぜ」を解くにあたっては、その前に新渡戸稲造という人がどのような人物であったのかを少し語っておかねばならない。

新渡戸稲造とは何者か――。

おそらく多くの人は、五千円札の肖像で名前と顔ぐらいは知っているだろうが、新渡戸博士の人となりとなると、いまでは知らない人のほうが多いのではないか。博士のプロフィールを詳細に語る余裕はないが、とりあえず『武士道』を書くまでにいたった、その思想的背景といったものに触れておく。

新渡戸稲造は文久《ぶんきゅう》二年（一八六二年）、明治政府が誕生する六年前、現在の岩手県盛岡市で生まれた。家系は代々の南部《なんぶ》藩士で、祖父・伝《つとう》、父・十次郎《じゅうじろう》はともに十和田湖《とわだこ》周辺の開拓指導者として知られている人だ。

維新の荒波を受け、文明開化のまっただなかに放り出された稲造少年は、「これからは英語の時代だ」と、明治八年（一八七五年）、盛岡から上京して東京英語学校に入学した。英語の才能は抜群で、上京してすぐに書いた英作文が、翌九年に米国フィラデルフィアで開かれた「アメリカ独立百年祭」で展示されるほどだった。

やがて十六歳（明治十年、西南戦争のあった年）になったとき、新渡戸は祖父以来の開拓事業を引き継ぐために、札幌農学校（現・北海道大学）へ入学した。札幌農学校といえば誰もが思い出すように、「少年よ、大志を抱け！」で有名な、あのウィリアム・S・クラーク博士が教頭（実質的には校長）として赴任した学校である。

〝お雇い外国人〟の一人として招かれたクラーク博士は、当時、現役のマサチューセッツ州農科大学の学長という職にあったので、日本での赴任期間はわずか八カ月間にすぎなかった。だが、この短い歳月のなかで、彼は計り知れない影響を生徒たちに残したのだった。

プロテスタントの敬虔《けいけん》な信者であったクラーク博士は、専門の植物学より、キリスト教にもとづく人格教育に重きをおき、彼が残した「イエスを信じる者の誓約」には多くの生徒たちが署名した。もちろん、新渡戸もそれに感化されてキリスト教徒になるのだが、彼は二期生だったので、入学したときにはすでにクラーク博士は帰国しており、直接の面識はない。

だが、クラーク博士の熱情あふれる人格教育は、孫弟子の新渡戸たちまで感化するほどの校風を築き上げていたのだった。ちなみに、クラーク博士に直接指導を受けた一期生には、のちに北大総長となる佐藤昌介《さとうしようすけ》、音韻学者の大島正健《おおしままさたけ》、先駆的な農業指導者となった渡瀬寅次郎《わたせとらじろう》などがおり、新渡戸と同期の二期生には、明治キリスト教の先駆者となった内村鑑三《うちむらかんぞう》、植物学者となった宮部金吾《みやべきんご》らがいる。

■プロテスタンティズムと武士道精神

しかし、それにしても武士道で育った新渡戸や内村らが、なぜいとも簡単にキリスト教に入信したのか。

一見、不思議な気もするが、プロテスタントの精神というものを調べてみると、それはむしろ当然だったというべきかも知れない。なぜなら、プロテスタントの精神というのは質素倹約を旨《むね》として、自律・自助・勤勉・正直をモットーとする「自己の確立」を養成するもので、それは武士道の精神と根本的に相通じるものがあったからだ。

別言するなら、彼らは人格形成としての武士道を幼きころから道徳律として叩き込まれていたために、キリスト教と武士道がその徳目において二律背反《にりつはいはん》するものではないということを理解すると、武家社会が崩れて「君主」がいなくなったいま、その代わりとして「神」という新しき主を得た、ともいえるのである。

その証拠に、新渡戸の親友である内村鑑三は、武士道とキリスト教との関係において、「自分の場合は、武士道という精神的土壌が、接《つ》ぎ木における台木となり、その台木にキリスト教が接ぎ木されたにすぎない」との旨を語っている。内村にとって武士道は「人の道」、キリスト教は「神の道」という違いはあったが、その根は同根であり、目指す方向も同じだったのである。とはいえ、両者はすべてが似ていたわけではない。決定的な違いは、武士道には「神《ゴッド》」と「聖書《バイブル》」がなかったことである。

だからこそ新渡戸は、日本人の伝統的精神を集大成するにあたって、「人の道」である武士道と「神の道」であるキリスト教を比較しながら、いまだ成文化されていなかった武士道精神を〝日本の伝統的精神〟としてとらえ直し、日本人の道徳規範《バックボーン》の書、すなわち「和製聖書」を世界に見せようとしたのではないか、と私は思っている。

■なぜ『武士道』は書かれたのか

新渡戸稲造がアメリカからこの本を出版したのは、明治三十二年（一八九九年）、三十八歳のときだった。そのころ彼は病気治療のためカリフォルニア州に滞在していた。それは外国から日本を見つめ直す絶好の機会であったろう。

当時、日本は文明の先進諸国から見れば、いまだアジアの果てのきわめて幼稚な国でしかなかった。ところが、その日本が日清戦争（一八九四〜九五年）で〝眠れる獅子《しし》〟といわれた清《しん》国（中国）に勝ったことから、いちやく好奇な目で注目される国となった。なかには「野蛮で好戦的な民族」と中傷する者もあったろう。

「日本民族は正しく理解されていない」

おそらく新渡戸の胸中に、こうした思いがよぎったことは推測するにかたくない。そこで彼は、「日本人はそのようなものではない」との愛国心にかられ、外国人に向かって、日本男児の心に宿る伝統的精神を「武士道」の名において書いたのである。だからこそ新渡戸は、原書を英文で書いたのであり、サブタイトルにわざわざ「The Soul of Japan ――日本の魂」と付けたのである。

■大統領を感動させた〝ブシドー〟

そしてこの本は、日本でも翌年の明治三十三年、ただちに発刊され、多くの青年たちを魅了した。ちなみに、最初の日本語訳としては明治四十一年(一九〇八年)、丁未《ていび》出版社から桜井鷗村《さくらいおうそん》訳が出版されている。

『武士道』は初版刊行以来、絶大な賞賛とともに、新生日本の姿を知ろうとする欧米で、多くの読者を魅了した。それは「第十版の序文」にもあるように、アメリカ、イギリス、ドイツ、ポーランド、ノルウェー、フランス、中国でも出版され、いちやく世界的な大ベストセラーとなって、新渡戸稲造の名も世界に知られることになるのだ。

ある意味では、それは当然のことといえた。なぜなら、新渡戸の記した『武士道』は、人間としての道徳規範の本であり、たとえ国や民族が違っても、人が健全なる社会を築き、美しく生きようとするときの〝人の倫《みち》〟に変わりはなかったからである。

たとえば、新渡戸は同序において、この本をアメリカ大統領のセオドア・ルーズヴェルトが読んで、たいへん感動し、家族や友人に配ったと述べている。それ以来、ルーズヴェルト大統領はすっかり日本びいきとなり、そのおかげで、五年後の日露戦争終結（一九〇五年）のときには、ハーバード大学で同窓だった金子堅太郎（初代総理・伊藤博文の秘書官）から日露講和条約の調停役を頼まれると、

「私は貴国のことはよく知らないが、〝ブシドー〟はよく知っている。あの崇高なる精神を持った国ならば、およばずながら協力したい」

と、こころよくその役を引き受けたといわれている。

日露戦争は、あと一カ月も戦っていれば日本が負けていただろうというのが歴史の定説だから、いわば新渡戸のこの『武士道』が救ってくれたともいえなくもな

い。事実、岩波版『武士道』の邦訳者である矢内原忠雄《やないはらただお》（元東大総長・新渡戸稲造の愛弟子）が、その訳者「序」において、「その功績、三軍の将に匹敵する」と書いているのは、このことを指してのことである。

あるいはまた、明治期に活躍したフランシス・ブリンクリーというイギリス人のジャーナリストがいたが、彼もまたこの『武士道』に感銘を受けたひとりだった。日露戦争が勃発したとき、彼は「ザ・タイムズ」の日本通信員となって日本を擁護し、紙上で「日本武士道論」を発表したほどであった。そして、その新聞を読んだロシア皇帝ニコライ二世は、これによって日本民族がいかなる民族かを知り、日本を深く研究しなかったロシアの開戦論者たちの軽挙妄動《けいきょもうどう》を嘆いたと伝えられている。

いずれにしろ『武士道』という本は、日本人の伝統的精神をあらわすものとして、二十世紀の初頭、あまねく世界に紹介され、「ブシドー」なる言葉を知らしめた最初の本だったのである。

■道徳の神髄「仁・義・礼・智・信」

ところで本書を訳し終えて、いささか補っておきたい所がある。「義」についてである。

新渡戸は、武士道の基本的精神を「勇猛果敢なフェア・プレーの精神」として「義」を支柱に置きながら、その説明が十分とはいえなかった。おそらく新渡戸の生きた時代と現代のわれわれとの間に、「義」に関する理解のへだたりがあるからではないかと推測する。

そこで少し追加説明しておくと、「義」とは、簡潔にいえば、不正や卑劣な行動をみずから禁じ、死をも恐れない正義を遂行する精神のことである。

ためしに「義」という言葉を辞書で引くと、「①道理。条理。物事の理にかなったこと。人間の行うべきすじみち。（略）②利害をすてて条理にしたがい、人道・公共のためにつくすこと。（略）」（『広辞苑』岩波書店）とある。すなわち「義」とは、打算や損得のない人間としての正しい道、「正義」のことである。「道義」「節義」もこれにあたる。

ついでながら、義から派生した語彙《ごい》には、大義、忠義、仁義、恩義、信義などがあり、さらには義理、義務、義憤、義俠《ぎきょう》、義士、義挙などたくさんある。いずれも人として行う正しい道にもとづいている。ということは、いかにかつての日本人の精神のなかで、この「義」が重要な位置を占めているかがわかる。

それゆえにサムライは、この「義」を踏み外《はず》せば、「武士道に悖《もと》る」、あるいは「卑怯者《ひきょうもの》」として糾弾の対象になったのである。新渡戸がいうように、なんと厳しい掟であることか。

なぜなら、簡単に「人としての正しい行い」といっても、それは個人的な観念であり、いわば〝道徳《モラル》〟である。実行しなければ罰せられる〝法律《ルール》〟とは違う。法律ならば、してはいけないことが成文化されているので明確にわかるが、自己の観念にもとづく道徳は、人間の内面に据えられた〝良心の掟〟であり、その基準は個人によって捉え方が異なるからである。

では、良心の掟を普遍的な道徳たらしめるものとはなんなのか。

新渡戸もいうように、日本人の道徳律は儒教に負うところが大であるが、孔子《こうし》はそれを「五常の徳」を主体として、さらには忠・孝・悌《てい》を合わせた「八つの徳」で〝人の倫〟を説いてきた。

五常の徳とは、「仁・義・礼・智・信」のことであり、簡潔にいえば、「仁」とは思いやり、「義」とは正義の心、「礼」とは礼儀礼節、「智」とは叡智《えいち》工夫、「信」とは信用・信頼のことである。そして「忠」とはいつわりのない心、「孝」とは父母を大事にすること、「悌」とは年長者に従順なことをいう。具体的にいうなら、「人にはやさしくあれ」「正直であれ」「嘘をつくな」「卑怯なことをするな」「約束を守れ」「弱い者をいじめるな」「親孝行をしろ」「兄弟仲良く」といったことで、これらの想いを「良心」というのである。それゆえに、われわれはこのモラルを犯すと、良心の呵責《かしゃく》に襲われるのである。

■なぜ、「義」は武士道の支柱なのか

では、なぜ武士道は、多くの徳目のなかで「義」をトップの支柱に置いたのか。

その理由の第一は、人としての正しい道である「義」が、他の徳目とくらべた場合、もっとも難しく、〝治世の術〟としていちばん重要だったからである。なぜなら、「義」はサムライのみならず、いかなる人間においても、どのような社会にあっても、人の世の基本となるもので、もしこの「義」（正義）が守られなければ、嘘が飛び交い、不正がはびこり、平穏な秩序ある社会など築けないからだ。つまり「正義」こそは、人間が社会的動物として生きるうえでの普遍的な根本原理なのである。

この正義の大切さについては、内村鑑三が自著『代表的日本人』のなかで、最大のサムライと称《たた》えた西郷隆盛の例をあげて、次のような言葉を掲げていることからもわかる。

《西郷にとり「正義」ほど天下に大事なものはありません。自分の命はもちろん、国家さえも、「正義」より大事ではありませんでした。西郷はいいます。

「政道を歩み、正義のためなら国家と共に倒れる精神がなければ、外国と満足できる交際は期待できない。その強大さを恐れ、和平を乞い、みじめにもその意に従うならば、ただちに外国の侮辱を招く。その結果、友好的な関係は終わりを告げ、最後には外国につかえることになる」》（『内村鑑三の「代表的日本人」を読む』岬龍一郎著・致知出版社）

本物のサムライであった西郷は、わが命よりも、国家よりも、「正義を貫くこと」がすべてであり、国家間の交際ですら、そのもとは正義であるというのである。

このように為政者側の武士は、江戸中期あたりから軍人的性格より行政官としての任務が強まるにつれ、〝民の見本〟となることが要求されはじめると、その実践者として、なによりも「義」を遂行することが義務づけられたのである。したがって武士道では、なにが人としての正しい行いなのかを徹底的に教え込まれ、つねに行動判断の基準をこの「義」におき、それを犯した者は「卑怯者」の汚名を着せられたのだ。

とはいえ、この「義」を遂行することは、口で言うほど簡単なことではない。なぜなら、義のなかには「人としての正しい行い」と同時に「打算や損得を離れて」という意味が含まれているので、人間の根源的なエネルギーとされる〝欲望〟をかなり制御しなければ成り立たないからである。

たとえば、現代人の多くが行動判断の基準としている合理的精神は、突き詰めれば「どっちが得か」という相対的なものである。しかもこの精神は、数字で比較できる経済的なものには効力を発揮するが、目に見えないもの、つまり正義とか心のやさしさとか人情といったものには適合しにくい。だが、武士道における「義」は、普遍的な良心の掟にもとづく絶対的価値観を基準にしているので、いわば不合理の精神である。いかに不合理であるかは、「正義のためには死も辞さない」という言葉ひとつでもわかる。武士道においては、「生命」よりも「正義」のほうが大切なのはこのためである。

したがって、こうした「義」を遂行するにあたっては、よほどの自律心が養われていなければ至難の業《わざ》ということになる。自律心とは、文字通り「みずからを律する心」のことである。「かくあるべし」とする規範の確立といってもよい。

ところが、今日の戦後社会では、合理的価値観のみを金科玉条のごとく信じこみ、「どっちが得か」の打算主義だけがまかり通り、よほどの人格的修養を積んでいないと、とてもじゃないが「義」など実行できるはずもないのである。

その証拠に、現代人にとって、いまや「義」は古くさい徳目としてどこかに忘れ去られ、私利私欲のためには「勝てば官軍」「見つからなければ罪ではない」などと勝手な理屈をつけ、卑劣で、狡猾《こうかつ》で、許しがたい不正行為が平然とはびこっているではないか。「自分さえ得すればいい」とばかりに理不尽なリストラを行う経営者、仕事もしないで税金の無駄遣いをしている天下り官僚なども同類である。そこには「正義」や「人情」などみじんもなく、「義」より「打算」が勝っているのが現代なのである。

■汚辱《おじょく》の世なればこそ理想を追求する

とはいえ私は、江戸時代の武士がすべて「義」を重んじた、などというつもりはない。たとえば、戦国時代の武将・上杉謙信が塩不足に悩む宿敵・武田信玄に塩を送って助けたという話が、武士道の美談として語り継がれたということは、逆にいえば、そうした「フェア・プレーの精神」を持ったサムライが少なかったことの裏返しとも考えられるからだ。

いわば、武士道が「義」を最高の支柱に置いたということは、そうした至難の「義」を追求することで、為政者として世の平安を維持し、一方ではそこに精神の美学を求めたということである。美学とか美意識とかいわれるものは、現実社会が汚辱にまみれているから求められるものであり、それはある種の「理想の追求」だったともいえる。

なぜなら、生死を懸けた戦いにのぞむとき、すべての武士が上杉謙信のように忠実に「義」（フェア・プレーの精神）を守ったならば、それは美談でもなんでもなく、あたりまえのことになってしまうからだ。だが美談として残ったということは、それだけ「あらまほしきこと」だったからである。生きるか死ぬかの場面では、たとえ卑怯者とののしられようとも、勝ちたいと思うのが本能であり、いつの時代にあっても本能は美学よりも強く、理想は現実の前に打ち砕かれるのが世の習いである。

しかし――。

だからこそ、というべきか。武士道はそのことを十分に知っていながら、なおかつ汚辱に満ちたこの世で、その現実を超越する意志力、すなわち美しき理想をわが指針として、厳しく求めたのである。

もし、生き残るためには「どんな卑劣なことをしてもいい」という発想を野放しにすれば、それはとめどもなくエスカレートし、力ある者はますます栄え、弱き者は滅びるといった弱肉強食の畜生社会に陥ってしまうだろう。これでは、いかに権力をもった武士といえども、世の中を平穏に治めることなどできなくなってしまうからである。

それゆえに武士道は、為政者側の義務として、あえてもっとも難しい「義」という人としての正しい行いを徳目の筆頭におき、その行為を自律的に求めることで、民の見本となるよう、その理想に一歩でも近づく修養を求めたのである。

「理想は自己を磨く宗教」との言葉があるように、具体的な理想をもつともたないとでは、おのずから人の生き方は違ってくる。「正しく生きよう」「美しく生きよう」とみずからを律する意志力がなければ、人はけっして美しくも正しくも生きられないのである。武士道はそれをサムライに叩き込んだのである。

■武士道は過去の遺物ではない

現代人にとって武士道などといえば、それは封建社会の主従関係を中心とした過去の遺物と思われようが、果たしてそうか。

たしかに武士道は、特権階級の武士が守るべき道徳律として生まれたが、その崇高な精神は、時代の変遷とともに研鑽され、武士のみならず広く一般にも普及し、日本人の普遍的な倫理道徳観となったのも事実である。

その証拠にたとえば、われわれは今日の会話の中で、「彼はサムライだ」という言葉を使うことがある。それは、その人が封建的だとか権威主義的だとか、あるいは時代錯誤とかいったマイナスの意味で使っているわけではない。むしろ、決断力のある果敢な性格の持ち主とか、責任感の強い正義漢とか、筋を通す信念の人とか、肯定的な評価として使っている。

あるいはまた、われわれは不正を行った人や卑怯なふるまいをした人に対して、「卑怯者」とか、「恥を知れ」という言葉を吐くが、これとて、そのもとは武士道から派生したものである。ということは、現代人のわれわれの中にも、武士道を意識するとしないとにかかわらず、武士道精神が残っていることを証明している。新渡戸が冒頭の部分で、「武士道はいまなお、私たちの心の中にあって、力と美をかねそなえた生きる対象である」といったのは、こういうことなのである。

では、振り返って、現在の荒廃した日本人の現状を見るとき、われわれはこうした国民的な精神といったものを持ち得ているだろうか。

答えは「ノー」である。われわれ日本人がなくしてしまったもっとも大切なものは、じつはこのバックボーンたる精神ではなかったのか、と私は思うのである。

バックボーンたる精神を捨てれば、それに代わるものとして登場するのは、目に見える物質主義となるのは必然である。いわば戦後の日本が、経済至上主義のもとで効率だけをもとめ、私利私欲のエコノミック・アニマルと化したのも、当然の帰結だったといえる。そして、その結果として、〝拝金教〟のみを信じ、社会人として守るべき公徳心を忘れ、人情をなくし、住みづらい世の中を作ってしまったのだ。

賢明なる明治の先達《せんだつ》たちは、それを知っていたがゆえに、開国によって怒濤のごとく押し寄せた文明開化の嵐の中でも、日本人としての伝統的精神を忘れないようにと、「和魂洋才」なる思想でそれに対抗したのだ。じつは、この「和魂」こそ武士道精神であり、長い歴史の中で培ってきた日本人のバックボーンだったのである。日本人の伝統的文化遺産ともいえるこの武士道を、いまこそ再評価してもいい時期に来ているのではないか、と私は強く思うのである。

さて最後に、私ごとながら、私はこれまで『武士道』に関係する解釈本を三冊上梓している。『いま、なぜ「武士道」か』（致知出版社）、『新・武士道』（講談社）、『「上に立たせてはいけない人」の人間学』（講談社）である。むろん底本はこの新渡戸『武士道』である。よりいっそう武士道を研究されたい人は参考にされんことを願っている。そして、〝エコノミック・アニマル〟と侮蔑された言葉を返上し、礼節を重んじ、武士の情を知る「サムライの国」と再びいわれるような国民になることを期待するものである。

二〇〇三年八月

岬 龍一郎

本書は、二〇〇三年八月にPHPエディターズ・グループより刊行された『武士道』（二〇〇五年八月にPHP研究所により文庫化）のスペシャルエディション版である。

刊行に際し、初版の訳出に加えて、編集部にて、訳文の抜き出しや、人名等の固有名詞に振り仮名を多く施すこと等の編集にあたり、読者の便宜を図ることに努めた。

〈訳者略歴〉
岬 龍一郎（みさき　りゅういちろう）
1946年生まれ。作家・評論家。早稲田大学を経て、情報会社・出版社の役員を歴任。退職後、著述業のかたわら、人材育成のために「人間経営塾」を主宰。国家公務員・地方公務員幹部研修、大手企業研修などの講師を務め、「人の上に立つ者の人間学」を説いた。2022年11月逝去。
著述活動においては、「武士道」を軸として、代表的な日本人の思想を取り上げることを主体とし、『［現代語抄訳］言志四録』（ＰＨＰ研究所）などの多くの著書・訳書を遺した。

武士道
新渡戸稲造のことば

2024年4月1日　第1版第1刷発行

著　者　新渡戸稲造
訳　者　岬　龍一郎
発行者　永田貴之
発行所　株式会社ＰＨＰ研究所
東京本部　〒135-8137　江東区豊洲5-6-52
ビジネス・教養出版部　☎03-3520-9615（編集）
普及部　☎03-3520-9630（販売）
京都本部　〒601-8411　京都市南区西九条北ノ内町11
PHP INTERFACE　https://www.php.co.jp/
組　版　株式会社PHPエディターズ・グループ
印刷所
製本所　図書印刷株式会社

ISBN978-4-569-85680-3